阅读成就思想……

Read to Achieve

管理故事会系列

领导者图鉴
藏在故事里的领导智慧

［英］詹姆斯·阿什顿（James Ashton）◎著
段鑫星 张 悦 唐宇航◎译

The
Nine
Types of
Leader

How the leaders of tomorrow
can learn from the leaders of today

中国人民大学出版社
·北京·

图书在版编目（CIP）数据

领导者图鉴：藏在故事里的领导智慧 /（英）詹姆斯·阿什顿（James Ashton）著；段鑫星，张悦，唐宇航译. -- 北京：中国人民大学出版社，2024.1
ISBN 978-7-300-32396-1

Ⅰ．①领… Ⅱ．①詹… ②段… ③张… ④唐… Ⅲ．①管理学 Ⅳ．①C93

中国国家版本馆CIP数据核字(2023)第254367号

领导者图鉴：藏在故事里的领导智慧

［英］詹姆斯·阿什顿（James Ashton）　著

段鑫星　张悦　唐宇航　译

LINGDAOZHE TUJIAN : CANGZAI GUSHILI DE LINGDAO ZHIHUI

出版发行	中国人民大学出版社	
社　　址	北京中关村大街31号	邮政编码　100080
电　　话	010-62511242（总编室）	010-62511770（质管部）
	010-82501766（邮购部）	010-62514148（门市部）
	010-62515195（发行公司）	010-62515275（盗版举报）
网　　址	http://www.crup.com.cn	
经　　销	新华书店	
印　　刷	天津中印联印务有限公司	
规　　格	720 mm×1000 mm　1/16	版　次　2024年1月第1版
印　　张	14.5　插页1	印　次　2024年1月第1次印刷
字　　数	185 000	定　价　65.00元

版权所有　　　侵权必究　　　印装差错　　　负责调换

译者序

THE NINE TYPES OF LEADER

所谓"领导者",就是能够对其组织成员施加影响,起到激励和引导作用的优秀管理者。纵观历史,几乎所有组织活动背后都离不开领导者和领导行为。从茹毛饮血的原始社会到高度发达的现代社会,领导活动一直伴随着组织的发展与演变。卓越的领导者是组织发展中的必要条件,他们以其宽广的视野与格局、长远的战略规划、独特的个人魅力,为企业的发展刻下深深的印记。领导者在长期的领导实践中逐渐形成了自己的领导风格和领导力,这与其成长背景、工作环境、成长经历、个性都密切相关,具有强烈的个性化色彩。

如何成为卓越领导者是当代领导者的一道必答题,在高质量发展的新时代,也需要从一种全新的视角来认识、理解不同类型领导者的领导力。有关领导力的学术著作浩如烟海,但一本让领导者"自己讲故事"的著作却难得一见。这本《领导者图鉴:藏在故事里的领导智慧》的作者詹姆斯·阿什顿(James Ashton)是一名资深记者,在 20 多年职业生涯中,曾采访过 400 多位 CEO、董事长,以及类似的成功人士,并根据采访经历整理出了这本书。本书中的故事既有古今中外经典领导案例,也有身边刚刚发生的时政新闻;故事的主人公既包括著名管理学家,又包括人们耳熟能详的企业家。詹姆斯·阿什顿通过深入访谈,将卓越领导者们的经历在本书中娓娓道来,揭示了领导者们内心最深层的价值观和真实经历,让读者身临其境,感受领导力的教益和启迪。

詹姆斯·阿什顿从领导者们身上发现了成功的共同点和不同点，不仅体现在他们回答问题的方式上，更多的还体现在他们对待商业和生活的态度上。他将领导者分为九种类型：首领型、补救型、销售型、创业型、接班型、激情型、活动家型、外交型和人本型，并详细描述了每种类型领导者的个性特点、领导风格和职业历程。接下来，让我们跟随作者的步伐，走进九种类型领导者们的故事中去。

1. **首领型领导者**。首领型领导者自信、坚强，他们是天生的领袖人物，享受站在聚光灯下万众瞩目的时刻。首领型领导者的代表人物有雀巢公司（Nestlé）CEO 彼得·布拉贝克–莱特马特（Peter Brabeck-Letmathe）、曾任劳埃德银行（Lloyds）CEO 的安东尼奥·奥尔塔–奥索里奥（António Horta-Osório）、培生集团（Pearson）CEO 马乔里·斯卡迪诺（Marjorie Scardino）等，他们的主要特质为豪爽、不拘小节、自视甚高、正义感强。他们清楚自己的目标，是组织中的核心人物；他们是公司的保护者，代表着绝对的权威，也能够鼓舞人心；拥有着绝对的气场和话语权，下属对他们所说的每一句话都会唯命是从。在领导方式上，他们坚持自上而下的直线型领导方式，以他们一贯的风格做事，坚持他们的战略规划和总体方向引领组织发展。首领型领导者运用他们的人格魅力在组织中行使权力，因此他们往往自信满满，努力塑造完美的人设，不敢在任何小事上掉以轻心，对自己和组织的要求都很严格。

2. **补救型领导者**。补救型领导者是能拯救企业于水火之中，使企业起死回生、反败为胜的关键人物，其代表人物有皇家邮政（Royal Mail）的高茉雅（Moya Greene）、CVC 投资公司的蒂姆·帕克（Tim Parker）、英国电信（BT）的克里斯托弗·布兰德（Christopher Bland）爵士等，他们的主要特质为高效、无所畏惧、勇往直前。补救型领导者始终具有危机意识，并不断凝练战略思路，有创新变革的勇气和魄力。他们能够在企业面临危机时当机立断，思考如何迎接他们要面临的挑战，从了解问题本质开始，进行积极有效的沟通，重新整合企业资源，制定新的发展战略，构建新的组织结构，将困境中的企业从失败的边缘拯救出来，让公司朝着好的方向发展。

3. 销售型领导者。销售型领导者是有销售工作背景的领导者，代表人物有制药巨头礼来公司（Eli Lilly）的总裁西德尼·陶瑞尔（Sidney Taurel）、宝洁公司（Procter & Gamble）的加文·帕特森（Gavin Patterson）、英国零售巨头乐购（Tesco）CEO 戴夫·刘易斯（Dave Lewis）等，他们的主要特质为洞察力强、擅于沟通、头脑清晰。销售型领导者作为新型领导者的崛起是时代发展的标志，他们自信且口齿伶俐，在其职业生涯中，他们有着光鲜亮丽的销售辞令和娴熟的营销手段，不仅善于推销产品，还善于宣传自己。销售型领导者带领的团队往往活力四射，能联动多方销售渠道，打造领先的销售能力，并不断地根据瞬息万变的市场环境调整团队结构，激励员工达到看似不可能实现的目标。

4. 创业型领导者。创业型领导者既是公司的领导者，又是公司的创始人，代表人物有维珍集团（Virgin）创始人理查德·布兰森（Richard Branson）、华为 CEO 任正非、埃信华迈（IHS Markit）CEO 兰斯·乌格拉（Lance Uggla）等，他们的主要特质为信念坚定、目光远大、充满激情、永不言弃。创业型领导者不一定总是比 CEO 更具创造力，但他们喜欢突破常规。他们不追求风险，但会为新鲜事物激动不已。他们在某种程度上和艺术家很像，渴望创造并掌控手中的项目，既有关注寻求机会的行为，又有关注寻求优势的行为。创业型领导者既有勾绘蓝图的能力，又有实现理想和抱负的能力，他们擅长创造一个愿景，并号召、动员下属共同探索与发现战略价值。

5. 接班型领导者。接班型领导者是九类领导者中最特殊的一类，因为他们的职位是通过继承获得的，他们领导的公司多为家族企业。其代表人物为德高集团总裁让-弗朗索瓦·德高（Jean-François Decaux）、桑坦德银行执行董事长安娜·博廷（Ana Botín）、印度钢铁大王拉克希米·米塔尔（Lakshmi Mittal）、开云集团（Kering）董事长朗索瓦-亨利·皮诺（François-Henri

Pinault）等，他们的主要特质为自信、热情、了解企业。对于家族企业来说，传承是延续家族和企业荣耀的关键，接班型领导者肩负着带动家族企业健康发展、使家族兴盛的重要使命。在外人看来，接班型领导者获得职位要比其他领导者容易很多，但他们也面临着其他类型领导者难以想象的困难。首先，他们需要自幼接触商业，并且长大后要在家族成员中脱颖而出，这样才有可能获得领导者职位。其次，他们需要向公司的其他成员证明其能力，进行创新与变革，为公司创造价值，获得他们的尊重与支持。最后，他们还需要选择与培养继承人。因此，合格的接班型领导者既需要有冒险精神，又需要坚持和创新。

6. 激情型领导者。激情型领导者的工作动力来源于兴趣与激情，他们对自己的行业有深厚的感情。其代表人物有巴里训练营（Barry's Bootcamp）CEO 乔伊·冈萨雷斯（Joey Gonzalez）、三姆（Sam Adams）啤酒的联合创始人吉姆·科赫（Jim Koch）、雷明顿电动剃须刀（Remington）CEO 维克多·基亚姆（Victor Kiam）、水石书店（Waterstones）总经理詹姆斯·当特（James Daunt），以及现场娱乐公司（Live Nation）的总裁兼 CEO 迈克尔·拉皮诺（Michael Rapino）等，他们的主要特质为精力充沛、乐观向上、执行力强、员工忠诚度高。热爱可抵岁月漫长，激情型领导者工作的最大动力就是热爱，他们的激情不仅体现在他们个人身上，还体现在企业文化上，激情能激发员工的积极性，也能激活整个企业，激发 120% 的潜能。激情型领导者擅于激励，他们将激情的种子播种在企业中，让所有员工充满活力。对激情型领导者来说，衡量他是否把这家企业做好的一个很重要的指标是，他是不是能把员工的潜能激发出来。此外，激情型领导者不仅可以让企业内部形成充满活力、创新的企业文化，还可以将这种激情通过服务传递给客户，为企业发展提供更大的动力。

7. 活动家型领导者。企业愿景对于活动家型领导者来说至关重要，他们目标明确、勇敢果断、团结一致、敢于冒险。其代表人物有花旗集团

（Citigroup）CEO彭安杰（Ajay Banga）、联合利华（Unilever）CEO保罗·波尔曼（Paul Polman）、服装公司巴塔哥尼亚（Patagonia）CEO罗丝·马卡里奥（Rose Marcario）、跑鞋品牌彪马（Puma）的董事长兼CEO约亨·蔡茨（Jochen Zeitz）等。活动家型领导者认为，他们的职责不仅仅是推动企业业绩，他们还需要冒着风险，将自己的公司作为一个平台，在这个平台上展示平等、多元化或绿色世界的愿景。活动家型领导者的领导力是关于理念和价值的，他们认为，当员工的个人价值观与公司的整体价值观并行不悖时，员工的潜能才有可能被无限激发，从而取得工作上的成功。他们要求公司里的每一个员工都做出最大的努力，不断学习新技能，保持好奇心，为了共同目标而团结一心，努力奋斗。

8.**外交型领导者**。外交型领导者可以成为企业内外部的"社交黏合剂"，他们擅长沟通，应变力强。其代表人物有英国国家名胜古迹信托（National Trust for Places of Historic Interest or Natural Beauty）总经理海伦·高希（Helen Ghosh）、德勤会计师事务所（Deloitte）CEO戴维·斯普劳尔（David Sproul）、约翰·刘易斯合伙公司（John Lewis Partnership，JLP）创始人约翰·斯比丹·刘易斯（John Spedan Lewis）等。在公司外部，外交型领导者们利用谈判、说服、联盟等外交手段塑造公司业务环境，以达到战略目标，找到共同利益，了解组织的决策模式，设计出有效的战略；在公司内部，外交型领导者提供了一种较为温和的领导形式，他们善于倾听、善于学习、善于维护团队的稳定。他们不是彻底的变革者，也可能没有竞争激烈的商业世界要求的那么灵活善变，他们的最佳状态是从众多利益相关者不同的观点和意见中选择一个合适的方案，并维持平衡，他们最伟大的领导技巧是把复杂的问题简单化。

9.**人本型领导者**。人本型领导者坚持把以人为本贯穿于领导活动的全过程，他们真实自然、贴近员工、善解人意。其代表人物有法国能源巨头法能（Engie）CEO伊莎贝拉·高珊（Isabelle Kocher）、海尔集团创始人张瑞敏、

Parkrun CEO 尼克·皮尔逊（Nick Pearson）等。人本型领导者是与过去那种"宇宙主宰"的领导者截然不同的领导类型，他们下定决心走出象牙塔，打破包围他们帝国的城墙。他们的领导策略更具包容性、更多样化，比起企业绩效，他们更关注员工和客户的内心感受，与员工保持密切联系，将关系和质量置于利润之上。他们待人亲切、不直接命令，避免与员工的正面冲突，靠建立一致的默契来激励人心并经营管理，他们更注重过程而非结果。

在本书的翻译过程中，我被它的独特之处深深打动——书中没有华丽的辞藻，也没有过于官方和学术的语言，而是用最朴实的语言，讲述领导者最真实的经历，让人沉浸式地和主人公一起面临困境，一起迷茫，一起思考，一起破局，深切感受领导者的艰辛与不易。

这本《领导者图鉴：藏在故事里的领导智慧》能帮助想成为领导者的人找到自己的位置，认清自己的领导风格并提升自己的领导力。不过，21世纪的领导力不仅仅是领导的方法和技能，也不仅仅适用于领导者，因此，这本书同样适合不是领导者的人来阅读，因为领导力是每个人都应具备或实践的一种优雅而精妙的艺术。

感谢翻译团队的所有伙伴，他们是张悦、唐宇航、张亚琼、李双、王博、翟雅楠、李昕、王依朵，同时感谢中国人民大学出版社在本书翻译中给予的支持。最后，我向大家真诚地推荐《领导者图鉴：藏在故事里的领导智慧》这本书，让我们一起走进领导者们的内心，倾听他们的真实故事，感受领导力的魅力。

段鑫星

THE NINE TYPES OF LEADER
序

在我动笔写这本书时，我对它的定位并不是一本关于领导力的学术著作，因为在这个领域已有许多精辟的前人著述，所以本书是从领导者自身的视角出发，旨在写出领导力的新意与本质。在这本书中，我的写作素材大多取自我自己的工作经验，而非依赖于传统的公司资产负债表、图表、董事会文件或数十年的管理理论。在20多年的新闻工作生涯中，我曾与许多CEO深入交流。有时是在会议室、录音棚或在讲台上，有时是在聚会、早餐和晚宴等社交活动中，这些活动构成了伦敦乃至世界各地企业家生活的重要部分，也正是在与他们的朝夕相处中，我找到了写这本书的素材和灵感。我希望这本书能让你走进领导者们的内心，深入了解他们的职业发展，感受他们的抱负与恐惧，理解他们是如何取得并维持现在的成就的。

在新闻界，权力与舆论密不可分。这就是为什么民粹主义的《福克斯新闻》在"特朗普时代"到来前能在美国蓬勃发展，而在英国脱欧的分裂话题上，英国广播公司（BBC）却三缄其口。报纸的报道是由专栏作家的观点主导的，作家们受邀在政治话题上发表一些发人深省甚至有些尖锐的观点。我也喜欢写相关报道，但我必须承认，我的报道都是以采访为基础，而且采访对象必须是名人，这样才能确保他有足够的话语权。

最令我印象深刻的一次采访，是在我职业生涯的早期，我曾去卢顿（一座位于伦敦北部的没什么魅力的小城市）采访斯泰利奥斯·哈吉－约安努（Stelios Haji-Ioannou）爵士。他的工作室很简陋，位于一间飞机库里，里面只有一张桌子和一把小椅子。在这样的工作环境中,他却策划出了廉价航空公司易捷航空在欧洲的扩张计划,如今,他还在筹划其他扩张计划。外人可能难以置信,诸多伟大的公司战略竟是诞生在这个破旧的仓库里。还有一次意义重大的采访,采访对象是星巴克大亨霍华德·舒尔茨(Howard Schultz),当时他刚刚收购了西雅图咖啡公司(Settle Coffee Company),为星巴克在英国的业务开辟了桥头堡。宣布收购那天,舒尔茨坐在他的一家咖啡店后面的一张大扶手椅上,一大群记者簇拥着他,闪光灯不停闪动。这促使我思考商业的本质——究竟是什么驱动着这些品牌背后的领导者,以及他们为什么想接受我的采访。

体育记者追随着明星前锋和奥运会运动员,政治记者热衷于报道部长们、参议员们、国家元首们和政策家们的政治活动。对我来说,我的采访对象则是CEO和那些披荆斩棘的商业领袖。他们创造了巨大的财富,创办了著名的品牌,或是开拓了重要的事业,这些成就令我着迷。

我很快就认清了自己的角色。我必须抓住时机,问我想问,做我想做。我曾在18岁时做过西约克郡地方医院广播电台夜间访谈栏目的主持人,到现在我仍后悔当时没有把握住机会,鼓起勇气向喜剧演员肯多德(Ken Dodd)爵士询问一些关于他的工作问题。我那时不够自信,总认为自己还需要更多的锻炼,需要准备得再充分点。几年后,我和一名年轻小记者一起对一位CEO进行联合采访,他的开场白竟然是"你是做什么的"!这就像是英国王室成员在晚餐前的闲聊一样,真是一场灾难性的采访,我当下便下定决心,永远不要像他那样做这种没有准备的采访。

采访的乐趣分为三个阶段。首先在采访前,打开一份经过修饰的简历,阅读其中满是辉煌和成就的溢美之词,将其作为了解采访对象真实故事的指南。其次,精心设计1300字左右的小短文来概括主题,重点是写出丰富多彩的三段式开场白,以吸引读者。最后才是进行采访。我最喜欢中间阶段,因为它给人的感觉类似三明治里面的肉——夹在谈话与辩论中间。它还能给人很大的想象空间——关于景象、声音、思考：我在哪里？这个人是谁？为什么他应该出现在我的出版物上？

对现代新闻采访业的审查如今已取得了一定的成效。现在的采访大多是在枯燥乏味的房间里、在严格的监督下进行的，可以想象得到，在这种环境下，领导者们大多只会给出平平无奇的回答，答语中充满着管理层讲话、浓缩的关键信息。一些书面报道在实际采访之前就已经写好了，内容无非是一份精心策划、装饰领导者辉煌杰出的行政生涯的工作简介。面对这种千篇一律的报道，记者会感到自己只是一个配合走完流程的工具人，对此无可奈何，却又无力改变。

然而，这种审查体制下带来的采访有时反而更像是一种邀请，吸引人们更深入、更努力地了解领导者们，抛开平淡无奇的形象，转而关注领导者的动机和养成方式。对记者而言，一次处理得当的访谈反而是一次机会，从采访对象的回答、肢体语言、地点，甚至访谈的时间中，都可以发现大量有关个人积累经验的信息。那些愿意接受采访的领导者们都是有希望被采访的（有一次，在一场热闹的颁奖晚宴上，一位领导者在接受我的采访时显得很不情愿，回答我所有的提问时都显得很敷衍，显然他对这次采访毫不在乎；还有一次，一位领导者主动联系我，想请我对他做一次采访，于是我不得不回电对他进行采访，但他实在过于普通，没有什么独特的闪光点，以至于采访稿到最后也没有被刊发出来）。

之所以有许多领导者不愿意接受采访，是因为对他们来说，媒体关系活动全是风险，没有收益。在整页纸上印满自己的肖像照和冠冕堂皇的成就，还要在侧栏上详细介绍自己的兴趣爱好、家庭关系、休闲活动，甚至包括早餐爱吃什么，这种行为在他们看来真是太自大、太愚蠢了。

他们的这种思维方式表明，我们的采访报道中肯定包含了一些对领导层的片面看法，因为我们采访了一些最健谈、最自负、最顺从的领导者，而不

领导者图鉴：藏在故事里的领导智慧

是一些具有普遍特征的领导者。

当然，媒体曝光并不是成功的必然结果。一些糟糕的领导者在镜头前夸夸其谈，希望能为自己的成就增添光彩，而许多优秀的领导者则沉默寡言，面对采访邀请只会给出类似这样的官方回复："这与我无关，我只是团队的一部分。"我们对这样的回答并不陌生，但这其实只是他们为自己无法从繁忙的日程中抽身出来参加活动找借口。

当然，那些参与这个游戏的领导者也是带有目的的——他们想推动他们的事业，还可能想纠正误解，从而塑造一个特定的形象，引导社会舆论方向。我还发现，即使是在这个极度谨慎的时代，这种情况也经常发生——他们之所以同意接受采访，仅仅是因为有人向他们提出邀请。

这些人不是彻头彻尾的自我推销者（尽管有些人肯定是），而是开明的领导者。他们明白沟通是领导力的关键组成要素，无论是经营一家小而低调的小零件制造厂，还是管理像可口可乐这样的世界知名公司。他们接受访谈，都是为了让他们有机会审视自己的表现、个性和领导风格，这三者密不可分。

这种领导力的审查，可以通过研究熟悉的公司指标（基本收益、股本回报率、股东总回报率、碳足迹、客户和员工满意度）或收集股东和前同事的意见，由城市分析家、学者、历史学家分别进行远程审查来实现。此外，领导者们还可以通过公司内部网或社交媒体直接与员工或外界沟通，从而减少被误解的风险。

不过，这个途径并不能让人认识到严格缜密的媒体能发挥什么作用。真诚可能是这个时代最受重视的领导特质，媒体起到了信誉过滤器的作用——它奖励成功，打击不真实，突出挑战，曝光造假者和失败者。这种保持真实感的驱动力，可能是诸如播客（podcasting）等近距离、无组织、不加防范的媒体人气日益高涨的原因。这时领导者需要通过的另一种媒体测试，就像没有预约但一直在进行的访谈一样。

只有九种类型

从旧金山到斯德哥尔摩和新加坡，在董事会会议室、酒店大堂、早餐、午餐和晚餐时间、飞机、火车和汽车上，我经历了400多次这样的采访，我发现这些采访是确定和分析九种领导者类型的最佳视角。

我采访了许多CEO、董事长，以及类似的成功人士，我渐渐从他们身上发现了成功的共同点。这不仅体现在这些领导者回答问题的方式上（他们中有一部分人接受过千篇一律的媒体培训），还体现在他们对待商业和生活的态度上。我一直在寻找一种归纳总结的方式，想把他们像十二宫星座或快乐家庭纸牌游戏那样组合在一起，然后进行分类、比较、分析。有些领导者的成功优势是显而易见的，但有些领导者的成功则是其能力、风格和背景共同作用的结果。他们的成功也对其他人的职业生涯起到了改变和发展的作用。

为了写这本书，我回顾并研究了过去20年中的诸多访谈，并通过对一些领导者的发展后续跟进，更新了一些访谈。此外，我还进行了更深入的研究，分析了更多具有相似背景或行为模式的例子，并从我的领导力播客中摘录了一些内容。这其中还包括了一些非营利组织的领导者，外界往往不认为他们和企业领导者一样面临着巨大的挑战。需要指出的是，本书中关于领导者案例的入选标准是非常主观的：仅仅是我认为他们对生活和商业的看法符合我列出的九种类型之一，当然，如果某位领导者拥有丰富多彩的职业生涯，那就更好了。

有人曾问我，截至目前，我最成功的访谈是哪一次。如果根据采访对象来回答，那可能是Facebook的谢丽尔·桑德伯格（Sheryl Sandberg）、维珍品牌的创始人理查德·布兰森爵士，或是采访时刚刚担任英国商界主要角色之一的英国石油公司（BP）董事长的思文凯（Henric Svanberg）。如果根据采访对象的语言表达来判断，那么我会选乐购的戴夫·刘易斯、TED的克里斯·安德森（Chris Anderson），或者传媒大亨理查德·德斯蒙德（Richard Desmond）——尽管在他收购英国第五频道之前，他的商业激情还没有被点燃，是个无聊又迟钝的人。

然而，本书的目的不是评估谁是最好的领导者。我很快就意识到，确实有一些优秀、善于鼓舞人心的领导者，但同样也有一些领导者的能力与职位不匹配，无法担当起领导者的责任，还有一些领导者与自己的角色不相匹配。

对于想成为领导者的人来说，本书可以帮助你认清自己的领导风格，提升领导力。本书评估了每种领导类型的优势和劣势，以及在何时何地进行最佳部署。2020年，新冠疫情的突然到来给全世界带来了共同的难题，这是在人们记忆中对领导力最为严峻的一次考验，但它也预测了未来领导者如何从过去的经历中吸取教训。

顺便问一下，你是什么样的领导者？

每次我提出这个问题，都能得到千奇百态的答案。事实上，领导者很少会回答这个问题来供外界评论，有时他们自己也不知道。即使他们这样做了，他们选择的领导方式也不一定是成功的领导方式。也许，这本书能帮助他们更好地回答这个问题。

THE NINE TYPES OF LEADER
前言

五月第三个星期一的傍晚，伦敦的天气还在努力褪去春天最后的寒意，切尔西堤岸上排起了长队。这群人穿着灰色西装，头发灰白，在铁栅栏旁摩肩接踵地不断向入口涌来。显然，他们不习惯排队。

堤岸上的商人们面无表情，他们紧攥着卷起的雨伞，以防天气骤变，与鲜花、欢笑、浪花映衬下的灯火辉煌的堤岸显得格格不入。这是一场英国的商业精英及其合作伙伴们参与的盛大聚会。

宏伟的切尔西花展就像一块巨大的磁铁，年复一年地吸引着英国各家公司的商业人士聚集在此，共度愉快的晚宴。这绝对是一个千载难逢的机会，因为商业精英的时间宝贵，能让他们花费数小时会见于此，可见该盛会的重要程度。

在女王巡视离开后不久，花展工作人员就会倒上香槟，摆上点心，主持人宣布宴会正式开始。宾客们涌进了切尔西皇家医院（Royal Hospital Chelsea）的泰晤士门，其中有富时100指数（FTSE 100）公司的CEO、总裁、猎头、基金主管、资深政治家、报纸编辑，以及公共关系专家等，他们的身份大多是投资银行、资产管理公司和会计公司的客户，而这些公司恰恰是花展的赞助商，也是伦敦夏季企业招待季的主要参与者。

在商业版面或专业广告的宣传之外，这些领导者的口碑两极分化，常常被视为自以为是的恶人或是飞黄腾达的超级英雄。前者受2008年全球金融危

领导者图鉴：藏在故事里的领导智慧

机的冲击给社会贫富分化带来的长期阴影，也不可避免地给这些领导者造成了负面影响；后者是由于人们对企业家、创新者和少数人的偶像崇拜，他们不仅仅可以为投资者创造回报，还可以通过做慈善来创造收益。在《学徒》（*The Apprentice*）①、《鲨鱼坦克》（*Shark Tank*）②、《龙穴》（*Dragons' Den*）③ 等节目中，商业被以娱乐活动的形式呈现在公众面前，人们对这些领导者的刻板印象也进一步被强化了。

事实上，切尔西花展呈现了商界真实的一面。任何对大企业和金融世界感兴趣的人，都应该在切尔西进行大卫·爱登堡爵士（Sir David Attenborough）④式的商业阶层研究。在这里，那些兢兢业业努力工作、为英国奠定经济基础的小企业主不会受到关注；相反，大型国际公司和知名品牌的顶端伦敦工业领袖们才会成为众人瞩目的焦点。类似的"软"峰会在世界各地的会议和体育赛事中都随处可见。

CEO 们往往拥有数千万的追随者，他们是一个能够为全球经济繁荣做出贡献的群体，其力量之大，远远超出政治家们和监管机构的预料。根据相关规定，每家公司只能拥有一个精英俱乐部，负责制定公司人员聘用章程和商业投资战略，以推动公司的经济增长和提高股东回报率。

然而，他们的影响力范围不仅限于资产负债表上的数字或生产线上的员工数量，他们还必须为价值数十亿英镑的公司负责，有时他们甚至能够影响整个行业的文化基调。随着时间的推移，这些公司已经发生了不可估量的

---

① 这是美国全国广播公司出品的一档职场创业型真人秀节目。——译者注
② 又称《创智赢家》，这是美国广播公司的一系列发明真人秀节目，该节目是一个提供给发明创业者展示发明和获取主持嘉宾投资赞助的平台。——译者注
③ 这是一档商业投资真人秀节目。——译者注
④ 他被认为是有史以来旅行路程最长的人，多年来与 BBC 的制作团队一起，实地探索过地球上已知的所有生态环境。他不仅是一位杰出的自然博物学家，还是一位勇敢无畏的探险家和旅行家，被世人誉为"世界自然纪录片之父"。——译者注

变化。许多公司把无形资产的多少作为财富指标，而不是工厂和机器这些固定资产。科技的进步打破了国界的限制，但仍然需要有人（也就是这些领袖们）站出来，为行业发展担负责任。无论大众对新出现的事物是否满意，最先被议论的都是商业领袖们，他们既是舆论攻击的避雷针，又是喝彩的接受者。

在大众看来，他们的生活是奢侈且诱人的——坐拥惊人的资产收入，配有照顾自己生活起居的管家和秘书，可以随时随地乘坐豪车甚至是私人飞机，在众人的环绕和闪光灯下出入全国各大高端会议。一旦出现问题，他们总是能有办法推责，将其归咎于他们无法控制的事件，以保全自身。

然而，并非所有领导者的生活都是光鲜亮丽的，他们中的大多数人也和我们一样，过着脚踏实地、平凡而忙碌的生活，没有专车接送去机场，每天匆忙搭乘公共交通工具上下班。毫无疑问的是，在过去的10年里，领导者这项工作已经变得愈发具有挑战性。在新闻报道中，我们也会发现领导者工作的艰难，在短短的几年内，他们经历了从总经理到CEO再到领导者的身份转变。当数十亿美元的投资岌岌可危时，人们的期望也会高得离谱。

很难相信一个人可以拥有单枪匹马对结果产生重大影响的能力。然而，CEO正是这样的人：在公司发展的过程中，他们必须处理好与投资者、员工、供应商和广大消费者等在内的众多利益相关者的关系；必须平衡短期业绩和长期愿景；必须为一个由技术驱动的未来做好准备。这个未来的特点是，灵活的初创企业竞争对手渴望打破旧的企业秩序，而他们所做的一切都是在不可预测的政治和经济环境，以及快速变幻的新闻周期的背景下进行的。在这种情况下，要赢得好的声誉可能需要20年，而要毁掉它，5分钟就够了——因此，他们努力地思考自己的声誉问题就不足为奇了。

卫翰思（Hans Vestberg）曾说："我会根据自己的工作和需要寻求帮助，以改善自己的生活。"在他担任瑞典电信设备制造商爱立信（Ericsson）CEO

期间（2010—2016 年），为了节省时间，他曾要求员工阅读书籍并写总结摘要，然后发给他学习。2018 年，他被任命为美国电信巨头威瑞森通信公司（Verizon Communications）CEO。

CEO 们还需要注意的是，公众对大企业的信任度依然很低，且这种观念根深蒂固，这就意味着他们需要同时应对董事会的压力和外界舆论的压力。然而，尽管他们付出了很大的努力，但商业作为社会公益力量的作用依然存有争议，因为多数人的善意往往会被少数人的恶意抵消，仅仅是围绕薪酬这一热点问题，人们似乎就永远无法跨越这道鸿沟。

CEO 们有很多共同点。

首先，从外部形象来看，良好的个人形象对 CEO 来说是不可或缺的。他们往往穿着得体，五官端正，眼睛炯炯有神，头脑机智敏捷，看上去容光焕发。同时，他们也很在意舆论中的印象管理，他们倾向于捍卫自己身上的美德，在公众面前表现出积极、勇敢面对生活的一面，愿意向他人提供帮助。不过，如果仅有姣好的仪容和友善的态度，他们是不可能取得今天的成就的。

其次，他们都有超乎常人的、由内而外的自信。也许在外人看来，他们可能很傲慢，不愿意听取外界的建议，因此他们的试错成本很高。他们拥有强烈的竞争意识、胸怀必胜的信心，不畏惧失败，渴望统治一切。不过，这种内在的激情往往被他们自信的姿态所掩盖，很难被众人觉察，因为人们只关注他们当下的光环，却未曾关注他们是如何走到今天这一步的。

能达到事业巅峰，登上切尔西花展的宾客名单，离不开他们自身多年的努力、家庭的牺牲和伴侣的支持，当然也离不开运气。机会往往在他们觉得还没完全准备好时就已经悄悄降临——可能是一次幸运的海外职位让他们的职业生涯得到快速发展，或是遇到一位伯乐，把他们从中层管理的舒适圈推向了更高的平台。

那些涌进泰晤士门的人，都有着非凡的成就。他们必须在晋升的过程中给同事和上级留下深刻印象，才能获得成为领导者的机会。同时，他们还必须将自己的才能和个性完美结合，才能获得人们的认可和追随——无论是在董事会层面还是在工作车间，甚至是在普通老百姓中。随着时间的推移，他们还需要掌握组建、管理团队的技能，而不仅仅停留在指挥团队成员的层面。

除了这些共性特征之外，本书还将详细描述他们成为领导者的过程。领导者是一个多元化的职业，他们的领导方式也各不相同，他们遵循本书介绍的九种不同类型的领导方式中的一种，这些类型由他们的早期经历、培训经历、所在的企业，有时甚至是出身背景所决定。

推动

故事的开端往往很简单，领导者们最初也只是普通人。他们有些人最初是销售员，向宝洁或利洁时（Reckitt Benckiser）等消费品巨头销售肥皂粉或头痛药。还有些人在20多岁时，在四大专业服务公司[①]之一参与审计、重组或咨询项目，或是在牛津大学或剑桥大学学习哲学、政治和经济学后，被麦肯锡或高盛公司聘用。他们还有机会在职业生涯中期获得MBA学位，或是在哈佛大学或类似的知名学府任职，为自己的简历锦上添花。

对于商业领袖来说，似乎有几条通往高层的既定路线，其中最典型的是报考一个以培养具有综合能力的未来CEO而闻名的商业人才培训班。

[①] 四大专业服务公司分别为毕马威（KPMG）、德勤、普华永道（PwC）和安永（EY）这四家全球知名的会计师事务所。这四家公司均拥有近百年的历史，除了会计审计之外，还涉及税务、咨询等领域。——译者注

当然，也有例外。我将各用一章来讨论两种领导类型——创业型领导者和接班型领导者。他们的领导才能是由他们自己或其家人发现的，尽管如此，他们也可能在某个地方做过学徒，学习过商业管理的基础内容。

对领导者来说，似乎有一些捷径可以让自己进入企业，然后再通过自己的努力，在企业中不断进步。然后，就像一场高风险的纸牌游戏一样，未来的领导者必须决定是坚持还是扭转局面——要么一直身居高位，要么辞职去与原公司可匹敌的公司另谋高就。当他们登上顶峰时，他们必须像个老板的样子，同时还要脚踏实地，因为同事们不会再用当年的眼光来审视现在的他们了。

我认为，大约一半的企业领导者是长期主义者，他们在成为领导者的道路上几乎没有或根本没有花时间在其他地方工作过，而是选择在一个工作岗位深耕。其中包括另外三种类型：（1）首领型，他们通过长期不懈的努力，奠定自己的权力基础；（2）外交型，长期工作对他们来说是最基本的要求；（3）激情型，除了当前工作外，他们对其他工作毫无兴趣。

此外，销售型、活动家型和补救型的领导者，可能会涉猎各种领域，在找到一个与他们的能力和工作相匹配的职位达到最高级之前，他们会积累一系列相关的工作经验。最后，我对我认为有效的领导特质进行了汇总，那些经验丰富、精通数字技术的领导者在本书中被称为"人本型"。

领导者的职业生涯有时在他们意识到之前就开始了。在英国，为了消除性别、民族、阶级的偏见，政府已经做了很多努力，例如采用匿名的简历招聘方式，雇主仅根据应聘者的关键技能而非学术成就进行招聘，并扩大招聘范围，以便让更多学校的学生有机会参与到招聘中。虽然这些措施可能会影响下一代领导者的个人特征，但就目前而言，名校和罗素大学集团（Russell

Group Universities）[①] 依然是领导者的重要选拔指标。

董事会顾问兼执行教练约翰·安利（John Ainley）曾表示，有证据表明，英国将会变得更加精英化，尤其是与德国或法国相比，英国的高等商学院系统和两所法国顶尖商学院——巴黎高等商学院（HEC Paris）和欧洲工商管理学院（INSEAD）一样，都培养了不少的商业领袖。

当然，很少有20多岁的人真正了解如何成为领导者。40年前，彭安杰——金融服务集团万事达卡公司（Mastercard）未来的领导者——毕业后在印度寻找第一份工作时，他只打算为一家"优秀且全球化"的公司工作，那就是消费品巨头雀巢公司。

然而，实践已经证明，领导者的养成是需要一个过程的，既要经过专业的教育培训，又要经过早期创业过程的磨炼。这种创业历程可能只是他们十几岁时的赚钱念头，也可能是他们在大学时期的自主创业经历。BBC总裁蒂姆·戴维（Tim Davie）和健康快餐连锁店里昂（Leon）的联合创始人约翰·文森特（John Vincent）就是这类人。

事实上，和所有人一样，丰富的生活经历塑造了领导者。有很多创业型领导者经历过父母早逝或其他创伤性经历，因此他们对创业成功有着不顾一切的决心。作为在伯里圣埃德蒙兹卡尔福德学校（Culford School）学习的少数女孩之一，杰恩-安妮·加迪亚（Jayne-Anne Gadhia）为了完成带领维珍理财（Virgin Money）上市这一挑战性的工作，她早在几年前就为跻身于以男性领导者为主导的银行业做了充足的准备。

未来的领导者必须同时具备积极向上的动力和努力工作的决心。马克·库蒂法尼（Mark Cutifani）是拥有钻石零售商戴比尔斯（De Beers）的矿

[①] 罗素大学集团成立于1994年，是由英国的24所研究型大学组成的高校联盟，有着英国"常春藤联盟"的美誉，代表着英国最顶尖教学和科研水平的大学。——译者注

业巨头英美资源集团（Anglo American）的 CEO，他在矿场上夜班期间攻读了新南威尔士州伍伦贡大学（Wollongong of University）的工程学位。

运气和缘分有时也起到了一定的作用。在欧洲 13 个国家担任高级合伙人兼 CEO 的理查德·休斯敦（Richard Houston），如果不是因为遇到未来的妻子而使他放弃了在麻省理工学院学习一年的机会，他可能会跟随他的父亲进入学术界，而非商界。不过，他希望自己未来的职业是以人为本的，而不是被困在实验台后面，这个愿望使他最终选择进入咨询行业。

最重要的是，未来的领导者必须能满足公司的现实需求。他们的领导才能往往在工作一段时间后才能慢慢展露。而在招聘阶段，招聘人员为了尽快完成毕业生招聘的数量要求，往往会签下那些不一定能凭借一流的学术成就、敏捷的智慧、创造力和天赋异禀的东西给人留下深刻印象的杰出候选人。

高盛集团（Goldman Sachs）的一位前招聘人员匿名透露，为了使新员工队伍多样化，这家投资银行不仅招聘金融领域的毕业生，还招聘历史和文学专业的毕业生。更重要的是，高盛集团在其员工中寻找有野心、有勇气的新人，虽然这是一种难以量化的品质，但在大规模的新员工队伍中肯定能找到。

在公司繁荣时期，宝洁公司吸引了大批有创业背景的毕业生加入其热门销售和营销计划。不过，在这次招聘中，宝洁并没有提到肥皂粉、洗发水或他们的其他产品，而是举行了一场令人难忘的集体活动，并向申请人承诺："我们将教会你如何在 25 岁时经营一家企业。"

公司试图提倡持续改进，这就意味着要寻找那些敢于挑战自己上级的员工。数字巨头亚马逊（Amazon）在其招聘流程中使用了"抬杆者"[①]——他们都是被请来评估候选人的第三方面试官，正是因为他们与内部团队没有关联，所以不会存在偏见。这意味着每一位新员工都应该比目前在岗的50%的人更优秀。亚马逊在其网站上列出了它正在寻找的14种领导者特质，其中包括期望新员工拥有较大的自主权、不断学习的精神，以及大局观，同时宣称："当对领导者有异议时，他们有义务以坚定且尊重的态度对决定提出质疑，即使这样做可能会让人感到不舒服或者疲惫。"

这种能力与麦肯锡这么多年来对其员工的要求差不多。"你有表达异议的义务"是麦肯锡创始人马文·鲍尔（Marvin Bower）首次提出的核心原则。他明白，在不破坏专业职业关系的情况下，处理意见分歧是很有用的。

初心

赤诚的初心对工作很重要，但持之以恒的努力也很重要。德勤会计师事务所前CEO戴维·斯普劳尔说："我很早就知道我必须要学习。"他在30岁成为合伙人时，曾被公认为一个有雄心抱负的人，但当他带领的第一个团队以失败告终时，他被彻底击垮了。

向身边优秀的人学习是至关重要的。自2016年以来，安德斯·达尔维格（Anders Dahlvig）一直担任英特宜家家居（Inter Ikea）CEO，他在职业生涯早期曾担任宜家创始人英格瓦·坎普拉德（Ingvar Kamprad）的私人助理。

[①] "抬杆者"（bar raisers）的概念来自亚马逊美国总部，原指在跳高比赛中，一次次将杆调高的工作人员。在亚马逊，"抬杆者"则是在招聘过程中，负责从亚马逊的企业文化以及行为准则的角度考察应聘者，从而确保招聘质量的一群人。在招聘中，"抬杆者"会用苛刻的眼光考察应聘者是否在至少一点上比亚马逊的平均能力水平高，如果是，那么雇用这样的人实际上就等于在提升公司的能力，这就起到了"抬杆"的作用。——译者注

XXI

而在加入伦敦证券交易所之前，达尔维格曾是一名在高盛集团工作了20年的老将，在他的任期内，他还担任高盛时任总裁兼CEO的劳尔德·贝兰克梵（Lloyd Blankfein）的参谋。打车软件优步（Uber）的CEO达拉·科斯罗萨西（Dara Khosrowshahi）曾将自己的领导成就直接归功于科技投资者巴里·迪勒（Barry Diller）的帮助。2005年，迪勒根据科斯罗萨西之前认真的工作情况和优越的绩效表现，将他空降到旅游网站亿客行（Expedia）的领导岗位。就像所有新事物的诞生一样，这种方式可以促进进步，带来新的活力。

成功的另一个因素是失败的经历。伊芙琳·伯克（Evelyn Bourke）曾提到自己在职业生涯早期为建立一家意大利金融咨询公司所做的努力，并说："如果你有机会在一家不成功的企业工作，那么你会学到更多的东西——可能比你从一些曾经成功的经验中学到的更多。"这段经历也为伯克在2016年担任医疗保健公司保柏公司（Bupa）的CEO奠定了基础。该公司主要为澳大利亚、西班牙和英国市场的3300万客户提供服务。

领导艺术是领导素质的重要组成部分。具有讽刺意味的是，领导者的领导艺术往往是在工作场所以外的地方获得的。尽管目前商学院的重要性在逐年减弱，尤其是在白手起家的技术企业家中，但是当招聘人员在应聘者的简历上看到商学专业时，仍然会对应聘者更加青睐。因为商学专业的学生除了能通过案例研究学习商业基础外，还能学习更多的领导艺术。不过，领导艺术如今往往会被领导者们忽略，因为他们可能在每天匆忙的工作中忽略了自己与周围人的关系。

董事会的吸引力

新任CEO的任职公示比公司其他任何公告都更重要，也需要更多的准备时间。在开始准备的几天里，新领导者需要考虑自己将如何在公众面前亮相，才能让自己与股东和员工相处得更好。在这之前的几个月里，前任离职的消息会在不影响工作或是与同事关系的情况下被传达到位。不过，对于大多数经验丰富的公司来说，如果它们已上市，那么清晨向证券交易所发表声明是持续了很多年的常规工作。

任何一家大公司都有完备的人才计划。为了保险起见，它们在任何时候都需要确定一名候选人，以防在任的 CEO 突然离职或发生意外（例如，遭遇交通事故）。没有哪家公司会重新培养一名候选人，而是会直接提拔一位候选人。

可能公司排名前 300 名的管理者都参与了大规模的继承者培养计划，因此最有前途的人总是在持续学习，并要承受压力。这提醒我们，对于所有想要成为领导者的人来说，想要最终被企业成功提拔，就需要具备突出的能力，能力的评估主要取决于两个维度——技能和个性。

选择企业的下一任 CEO 是董事会的决定，而且至少要有一位外部顾问（比如猎头公司）支持，有时还会征求股东的意见。亚马逊、德国电信（T-Mobile）和欧摩时（ASOS）的董事会资深成员布莱恩·麦克布莱德（Brian McBride）曾参与过多次意见征询会。他表示，最理想的情况是有一位资深的内部候选人来寻找谁是合适的外部顾问，虽然这取决于公司的现状，但也受当前领导者的领导风格的影响，董事长和董事会其他成员也会关注公司未来可能会遇到的挑战。

有时，如果一位优秀的内部候选人在组织中是最有价值和能力的，他也就是最完美的选择，但如果组织发生调整，他可能就不符合当前组织的要求。而一个在职业生涯中频繁更换工作岗位的外部候选人可能具备较强的适应性和较高的创新性，但对组织来说，也存在一定的风险性。

借助简历筛选候选人，也是一种选拔方式。内部候选人往往来自特定的几个部门（比如，财务部门或营销部门），因为他们了解企业的经营过程和运行机制，这种将丰富的理论和行业经验相结合是非常重要且有吸引力的。

从外部来看，相对于专业知识，招聘人员更加看重行业相关性，领导者应该有更高的智商——一种衡量聪明、眼界、学习效率的指标。

此外，情商也很重要，这包括人际交往技能、人格魅力、领导方式，以及如何适应组织文化。一位有经验的总裁会在候选名单确定之前对候选人展开调查，如果是企业内部人员，就可以通过与其同事交流来了解候选人的具体表现。

九种类型

现代领导者有三个突出的特征：目的性、真实性和可靠性。换句话，这位CEO的观点可信吗？你相信他，他就会实现他设定的目标吗？本书中的每一种类型的领导者都有其中的某种特征，有的领导者会更偏向于某种特征，好的领导者会同时具备这三个特征。

只有在他们被任命后，他们才能全身心地修炼这三个特征，如何做到这一点将有助于定义他们的领导类型。本书旨在了解每位领导者是如何管理公司、如何做出决定的，以及他们有哪些动机和恐惧。

领导者的成功很难被有效地判断，但有些失败被无限放大了，这些失败或许没有那么不堪，而且对过去的成败的研究意义不大。

显而易见的是，当前，普通企业面临的挑战越来越大、越来越复杂，它们需要打造更大的企业，面对更多的利益相关者，实现更多的绩效目标，包括环境目标和社会目标。在这种背景下，能够学习员工身上的好品质、有效地挑战竞争对手并敢于承担风险的领导者都是好的领导者。

最后再补充三点。

首先，这九种类型之间有一些重叠。要想找到一个纯粹的激情型、创业型或外交型领导者，就像要找到一个纯粹血统的人一样罕见。不过，本书给出的例子展示了每种领导类型的核心属性。

其次，领导者可以改变自己的风格。事实上，如果他们不这样做，他们的职业生涯就会被缩短。不过，我不认为领导者的领导风格在这些年来发生了多大的变化。创业型领导者永远是创业型的——这样的领导者更有可能卖掉自己的公司重新开始，而不是留下来为收购方工作——就像接班型领导者和销售型领导者分别受到了继承和培训的约束一样。

最后，领导者不喜欢被归类。若不是本书需要，他们更愿意被归为普通员工或普通人，但也不是每个人都接受这九种类型的分类。

目录

THE NINE TYPES OF LEADER

第 1 章
首领型领导者   1

帝国缔造者   3
称霸一方   5
帝国兴衰   12
目光长远   12
受伤的猛兽   14
因循守旧   16
依赖名声   18
科技巨头   21

第 2 章
补救型领导者   25

特快专递   27
淡泊名利   31
一切从简   34
及时补救   39
注重过程   40

第 3 章
销售型领导者　　　　　　　45

投其所好　　　　　　　　　　47
医药人　　　　　　　　　　　49
领导者的接班人　　　　　　　51
学着去营销　　　　　　　　　55
市场之外的从业人　　　　　　59
抛售　　　　　　　　　　　　63

第 4 章
创业型领导者　　　　　　　67

品牌创始人　　　　　　　　　69
谦虚和希望　　　　　　　　　72
下一个挑战　　　　　　　　　74
无眠的夜晚　　　　　　　　　76
美国梦　　　　　　　　　　　80
放手　　　　　　　　　　　　82
坚固的根基　　　　　　　　　84

第 5 章
接班型领导者　　　　　　　89

做自己的品牌　　　　　　　　91
血统的赌注　　　　　　　　　93
交接　　　　　　　　　　　　95
对继承的依赖　　　　　　　　97
雄心闪烁　　　　　　　　　　100
风险管理　　　　　　　　　　105

升级换代	106
倾销	109
特权与裙带关系	111

第 6 章
激情型领导者   **113**

就事论事	115
广告激情	119
爱书者	120
意外收获	125
走上致富路	128
付出更多	130
粗犷之爱	131

第 7 章
活动家型领导者   **133**

名利双收	135
反哺世界	141
可靠的项目策划	147
快步前进	149
使命感	153
结论	156

第 8 章
外交型领导者   **159**

顶级声乐团	161
白领军团	165

主题演讲	170
被企业选中	173
交接时刻	174
舰队领袖	176
结论	178

第 9 章
人本型领导者　　　　　　　　179

绿色梦想	181
扛起大旗	185
发现自由	185
向他人学习	187
少即是多	188
永久植入	190
结论	193

后记　　　　　　　　　　　　　　195

chapter
01

第1章

首领型领导者

> **优点:**
>
> 有远见、精力充沛、鼓舞人心、坚韧、传统。

> **缺点:**
>
> 不灵活、心胸狭窄、无法倾听、适应性弱。

适合：行业领先的大型公司、大规模的企业。

你会在哪里找到他们：过去很容易在董事会会议室找到他们，但现在难说，因为与员工一起工作的领导风格更受欢迎。

第 1 章 首领型领导者

| 帝国缔造者 |

2015 年 8 月一个不同寻常的星期六晚上,一场特别的演出在萨尔茨堡大教堂上演。演出前,所有奥地利人都对此格外期待。夜晚来临,当萨尔茨堡大教堂的幕布缓缓升起,耀眼的深红色舞台慢慢露出时,聚光灯投向舞台正中间,现场一片寂静,2000 多名观众屏住呼吸,静静地期待着演出。

这场即将上演的歌剧是为期六周的萨尔茨堡音乐节的最大亮点——全新演绎威尔第(Verdi)的杰作《游吟诗人》(*Il trovatore*),其合唱如史诗般宏大,让狂热的歌剧爱好者们都全身心地沉浸在复杂的巫术环节和复仇情节之中。

节目开始前,热情的观众们提前聚集在大教堂外面,万分激动地看着穿着黑色礼服的领导者们沿着主干道走过来,走向 50 多年前在萨尔茨堡大主教亲王的前宫廷马厩遗址上建造的场馆。领导者们入场后,早已按捺不住的观众们争先恐后地挤上楼梯,涌入礼堂,欣赏 100 米宽的舞台——这是世界上最大的舞台之一。舞台下,世界上最大的食品公司雀巢公司的董事长彼得·布拉贝克-莱特马特坐在最中间的座位上,在他周围有一大群随从。

布拉贝克-莱特马特以前曾多次访问过萨尔茨堡。这座城市位于他的家乡维拉赫(Villach)的北面,需要两个小时的车程。这一活动成了雀巢公司高层的聚会,参与品牌包括奇巧(KitKat)、晶磨(Cheerios)、巴黎水(Perrier)和斯托弗(Stouffer's)。雀巢于 1991 年开始赞助该音乐节,并于 2010 年起,开始为音乐节颁发最佳年轻指挥家奖。这场活动正好也能让公司高管们停下来总结过去的成败,因为它的举办时间处于公司半年业绩公布之后。

布拉贝克-莱特马特是公司的核心人物,一双明亮而又深邃的蓝眼睛和认真严谨的工作态度能给人留下深刻的印象。他曾毫不掩饰地表示,萨尔茨堡音乐节活动是雀巢这一年最大的亮点。因此，他邀请了公司的几位副总前来共同参加活动，不少媒体和客户也应邀前来共进午餐和晚餐（午餐和晚餐总是以香浓的意式浓缩咖啡收尾），体验当地文化，品尝雀巢的新品。布拉贝克-莱特马特也是一位优秀的演奏家，他说他平时只在自己独处的时候才会演奏。然而，那天晚上由他担任管弦乐队的指挥，维也纳爱乐乐团演奏了一曲华丽的乐章。

首领型领导者是组织中非常突出的人物。曾有商业理论提出，领导一家大型跨国公司需要一位大人物，且多以男性为主，他们是公司的保护者，走进任何一个房间都能成为其中最重要的人。他们代表着绝对的权威，能够鼓舞人心，为整个团队重整士气，他们的这种气场有时甚至会让人有点害怕、不敢接近。下属们会支持他们所说的每一句话。他们往往态度强硬，坚持自上而下的领导方式，以他们一贯的方式做事，坚持他们的战略规划方向。这也是本书将首领型领导者放在第 1 章的原因。

首领型领导者运用他们的人格魅力在组织中行使权力，通过直线型命令的方式引导组织的发展方向。尽管有许多人不认同这种领导方式，但它颠覆了"领导力在某种程度上是一种集体活动"的观点。首领型领导者们往往自信满满，努力塑造完美的人设，不敢在任何小事上掉以轻心，对自己和对组织都很严格。他们还积累了一定的财富权力——拥有最大的办公室，或是引人注目的大游艇。

公司规模和任职时限是衡量首领型领导者地位的两个指标，布拉贝克-莱特马特在两者兼有不俗表现。那天晚上，当他坐在音乐会的座位上时，他已经在雀巢公司任职 47 年了，工龄接近 50 年。雀巢是世界上最大的食品饮料公司，在他的任期内公司有 339 000 名员工，年销售额为 600 亿英镑。这种影响力赋予了他绝对的权力，并在政治、农业和其他更广泛的领域中，他与股东、对手食品公司和政策制定者进行竞争，以他认为合适的方式经营他的公司。

布拉贝克－莱特马特从不惧怕外界对他的非议，1977年雀巢曾因母乳替代品丑闻而声名狼藉。当时婴儿配方奶粉行动联盟（Infant Formula Action Coalition，INFACT）在美国发起了抵制雀巢的行动，以抗议雀巢不道德的营销。他们指控雀巢鼓励数百万的年轻妈妈使用配方奶粉来替代更健康、更便宜的母乳，对婴儿的生长发育造成了影响，但布拉贝克－莱特马特对此毫不畏惧。

最近，雀巢董事长坚持认为用水权利不是一项公民的基本权利，由此引发了全社会激烈的辩论。雀巢公司每年销售数百万瓶雀巢纯净水，他认为，用水作为一项人权，只是确保每人每天有25~50升饮用水和卫生用水的最基本要求，这仅占总用水量的1.5%；而其他一切用水途径，如游泳池注水或给高尔夫球场浇水，都不在基本用水权利范围内。

称霸一方

雀巢的规模和业务范围广度赋予了布拉贝克－莱特马特与世界各国政要和其他最高级别人士接触的机会与权力，但这并不是布拉贝克－莱特马特打造雀巢品牌的主要原因。在他谈到消费者如何抛弃大批量生产的食品，转而选择小量、有机、本地来源和无谷蛋白的食品时说："我想人们总是觉得，小就是美，大就是丑。"布拉贝克－莱特马特认为，单一思维会影响雀巢的长期发展，因为这会阻碍公司对新市场和新产品的投资与开发。他认为，可以将意大利面等增长缓慢的业务部门拆分出去，但要按照股东要求的速度增长，这意味着最好拥有广泛的投资组合。

有数据能证实这一理论。2008年，布拉贝克－莱特马特在担任CEO 11年后，实现了至少5%的最高利润增长率，并大幅度提高了利润率。雀巢有很多长期项目，但绝不是一夜之间成功的。其中包括由乔治·克鲁尼

（George Clooney）代言的广告所推广的意式咖啡胶囊系统，是花了25年时间才被完全开发出来的。

布拉贝克-莱特马特还与雀巢健康科学公司合作，倡导将食品营养与医疗保健结合发展。该公司致力于探究治疗胃肠道疾病的新方法，并对抗化疗带来的影响。另一家合作公司——雀巢皮肤健康公司，是一家乳霜和痤疮治疗药品商，也是与美容公司欧莱雅合资30年的产品商，是一家实力较强而稳定的公司，适合长期合作。

布拉贝克-莱特马特的领导方式很有趣。当他在2008年辞去雀巢CEO一职、继续担任董事长时，他声称这么做是为了让他的同事保罗·巴尔克（Paul Bulcke）能够长期担任这一职位。保罗·巴尔克早期曾与布拉贝克-莱特马特在拉丁美洲共事，彼此非常了解，即使他们一个是比利时人，一个是奥地利人，他们也都会说西班牙语。

事实上，布拉贝克-莱特马特辞职后，仍然保留了自己的权力基础。在2017年之前，他担任了近10年的主席，任期结束后他仍然是名誉主席。他曾说："我一直认为，当下一位CEO的继任者和我一样成功时，他就是成功的。"

在接下来的几年里，受社会经济的影响，所有食品公司的发展都步履维艰，但雀巢依旧表现出色。2017年，马克·施耐德（Mark Schneider）成为近一个世纪以来该公司的第一位外聘CEO。他加快了产品更新和投资交易的速度，最具代表性的成果是在2018年与星巴克达成了52亿英镑的交易，研发了在世界各地超市销售的咖啡系列。雀巢公司的业务范围广度让他在制定战略时有了选择，其中包括围绕增长较快的行业收紧投资组合。例如，皮肤健康部门与丝塔芙（Cetaphil）和高伦雅芙（Proactiv）品牌的合作。如果没有首领型领导者的指导，就很难与这些品牌建立合作。2019年，皮肤健康系列品牌成为一项有价值的资产，市值高达100亿美元。

领导者的地位与领导者在整个公司中的存在感有关。布拉贝克-莱特马特的个人实力足够突出。在他担任董事长的最后几年，他因生病接受治疗，虽然病情并不是很严重，却导致了他脱发。他也并没有因此放慢生活节奏，反而加快了节奏。医生禁止他长距离飞行，因为这不利于他的病情。然而，布拉贝克-莱特马特依然很好地利用了业余时间，考取了直升机飞行员资格证。雀巢的每个人都知道，他不会像普通人一样轻易被年龄或疾病打倒。

这种个人影响力是首领型领导者中一个不变的主题。大家普遍认为，首领型领导者在公司经营方面已经做得够多、够好了，不必对自己的生活要求太过苛刻。但实际表明，他们普遍认为自己也必须在工作之余保持出色。这种竞争意识一直被传承下来，正如雀巢下一任领导者所展示的那样。

2011年，安东尼奥·奥尔塔-奥索里奥面临着英国商界最大的挑战，当时他试图在金融危机后重振劳埃德银行，并带领其摆脱国有控股。作为银行界的黑马，劳埃德银行曾是世界上最大的银行之一，但最近它专注于建立稳固的国内特许经营权。2008年，劳埃德银行同意在政府调解下对运营状况不佳的哈利法克斯苏格兰银行（HBOS）进行救助后，股价下跌，这意味着它很快就被迫接受纳税人200亿英镑的救助。

这不仅涉及银行方面的工作，还与整个英国经济密切相关。劳埃德银行正常运作时，支持了整个英国经济。运营状况不佳时，小企业和抵押贷款客户都会受到牵连。2010年11月，当奥尔塔-奥索里奥被任命为董事长时，他明确表示，理解"劳埃德银行在英国社会和经济结构中扮演的至关重要的角色"。

关于葡萄牙人奥尔塔-奥索里奥，还有很多方面是我们需要了解的：他对经济的这种敏锐洞察力是在他被任命董事时才刚刚展露出来；他的父亲是一名乒乓球冠军，受家庭环境的影响，奥尔塔-奥索里奥从小就十分热爱网球，可惜他在30岁时摔断了右手腕，医生告诉他，以后再也不能打球了，但他并没有放弃，并凭借着坚韧的意志力很快就学会了用左手打球，经过不断的康复训练，右手在两年后也恢复了正常；他自学了六种语言；他冒着会被鲨鱼攻击的危险学会了潜水，而且非常喜欢这项运动；很值得一提的是，他最喜欢的书是中国古代的军事书——《孙子兵法》，这本书是他后来成为优秀领导者的指路灯，教会了他纪律和谦逊。

这种韧性也是奥尔塔-奥索里奥从事商业工作的法宝。他是被劳埃德银行从西班牙桑坦德银行的英国分支机构挖走的。在他入职劳埃德银行后，面临着与之前完全不同的挑战，他因对自己的要求过高而产生了巨大的压力，以至于他在第一年就被诊断出睡眠不足，并被领导强行休了几周假调整身体。这在奥尔塔·奥索里奥的职业生涯中是极其罕见的，尽管他经常与巨大的压力做斗争，但绝不会屈服于压力。

早期职业生涯的磨炼使奥尔塔-奥索里奥变得更加强大，后来，他成为典型的首领型领导者。他说，这种身份的转变需要转化管理方式，在巨大的压力下需要对员工进行集中化管理。打个比方，就像葡萄牙人常说的，在战争时期，你不能惧怕战场。

奥尔塔-奥索里奥已经管理劳埃德银行10余年了，在2020年年中，他透露了他打算在2021年辞职的计划。如果没有这个辞职计划，他可能会面临着另一种情况（见本书第2章）：他会拥有65 000名员工、3000万名客户、全英最大的私人股东基础，首次购房者四分之一抵押贷款的发起人，将帮助很多人解决购房问题，这显然是他喜欢的挑战类型。有意思的是，奥尔塔-奥索里奥的外貌就很符合首领型领导者的标准：皮肤黝黑，身体强壮，梳一头光滑的大背头，西装笔挺，眼神坚定。即使他出现在一个万人云集的会场，他也能被一眼认出是领导者。

奥尔塔-奥索里奥的努力终于有所回报。2015年，劳埃德银行重返高股息率名单。2017年，英国政府出售了其在该银行的最后股份。奥尔塔-奥索里奥成功带领劳埃德银行摆脱了国有控股,虽然这比苏格兰皇家银行的问题更容易解决,但也不能低估奥尔塔·奥索里奥的功劳。他很早就明白,劳埃德银行的发展不仅要依靠财务,还必须承担相应的社会责任。这么大的一笔生意,他赢得坦坦荡荡,备受好评,这也是奥尔塔-奥索里奥一直坚持的原则。这也是激情型领导者的一个基本特征,我们将在第6章中有更多的描述。

在一次采访中,劳埃德银行的公关经理想为奥尔塔-奥索里奥在行政楼办公室拍一些照片,用于宣传公关使用。天下着蒙蒙细雨,奥尔塔-奥索里奥本不愿拍照,但迫于这张照片的重要性,他很不情愿地同意去阳台找个没被雨水淋湿的角落拍一张。"你们英国人管这叫'不下雨'吗?"奥尔塔·奥索里奥边说边走到毛毛雨中,在一望无际的灰色天空和宏伟壮观的银行大楼背景下,短暂地摆了个姿势结束了这次拍照。照片拍出来后,被作为一位典型的首领型领导者形象广为流传。

一家公司由有形资产和无形资产共同构成,有形资产包括工厂和仓库,无形资产包括品牌、知识产权、企业文化等。首领型领导者甚至可以用自己的形象来塑造整个的企业形象,因为他们具有绝对的代表性。

马乔里·斯卡迪诺对培生集团的管理就是一个很好的例子。如果一家公司需要长期的改造转型,就需要一位首领型领导者。如果股东确信福利足够多,他们就会心甘情愿地接受领导——因为领导者已经给他们描绘了未来的宏伟蓝图。

1997年,马乔里夫人刚担任培生集团CEO时,公司一片混乱。当时,她是富时100企业中的第一位女性领导者。培生集团最初是一家工程公司,在这几十年里实现了资产多元化,其资产包括卫星巨头英国天空广播公司(BSkyB)、投资银行拉扎德(Lazard)、蜡像景点杜莎夫人蜡像馆,甚至拥有一个鳄梨农场的股份。

混乱中的公司有一堆咨询项目等待着下一任CEO处理,而且每个项目都亟待探索新方向。之前提到，布拉贝克－莱特马特在雀巢提出的"广泛的投资组合"的概念几乎没有人支持，但他至少有一定数量的客户和分销渠道，但培生集团当时根本什么都没有。

基于顾问报告的分析和自己的调查，马乔里夫人认为，未来的发展方向是教材和杂志，尽管这在当时培生集团的业务中只占极小的一部分。认识马乔里夫人的人都能猜到这会是她追求的方向，因为她的职业生涯充满了知识传播和信息共享，从与丈夫艾伯特在她的祖国美国创办竞选活动性的《佐治亚报》（Georgia Gazette）开始，到1992年开始领导《经济学人》（The Economist）报纸的五年时间。教育在召唤，互联网可以个性化地为所有人提供终身学习的机会。

马乔里夫人的领导风格平易近人却又坚定。这位前牛仔竞技骑手以她多年坚持和认真地给员工写"亲爱的你们"电子邮件而闻名，虽然这并不是首领型领导者的典型做法。不过，她坚持认为，带领公司走上新的道路要靠一个集体的努力而非她一个人的，尽管现在还没有成功。"培生集团是由众多员工组成的，尽管我比他们说得多，但他们都有发言权。"马乔里夫人说。

马乔里夫人周围的人都被她感染并逐渐认同她的想法，参与到她的计划中来，他们还得到了组织主席史蒂文森勋爵的支持。培生集团有大量资产可以出售，这样资金就可以循环用于教育了。2002年，马乔里夫人明确表示，"除非我死了"，否则都永远不会卖掉该集团的重要产品——英国《金融时报》（Financial Times）。很少有领导者能如此平平淡淡地说出这种话，但首领型领导者则可以。

史蒂文森的支持增强了培生集团的使命感，不仅仅是为了提高经济回报，更是为了回报社会。在追求这些目标时，投资者耐心十足，因为这种转型需要漫长而又艰难的学习过程。

2000年，培生集团经过与市政府的艰难沟通，终于斥巨资收购了美国领先的教育测试和数据管理公司——美国国家计算机系统（National Computer Systems，NCS）。签订协议时，马乔里夫人的讲话听起来像是竞选会上的演讲。她说："我们可以一起创建'智能教室'，实施定制化教学，这样每个孩子都能用自己的方式、按自己的速度学习，并得到持续性的评估、反馈和帮助。""我们可以一起实现教育领域下一个巨大的飞跃——在课程中增加应用程序和测试，改变我们原有教和学的方式。"现场没有任何异议。

与此同时，"五年内股价翻一番"的高目标成了公司时刻需要关注的巨大压力。培生在网络泡沫期间迅速实现了这一壮举，但事实证明这是不可持续的，因为股价实际上在规定的时间范围内又下跌了。然而，在马乔里夫人15年的领导下，培生集团的销售额增长了两倍，达到近60亿英镑。利润也是如此，2011年，即她离开培生集团的那一年，达到了当时创纪录的9.42亿英镑。

2015年夏天，《金融时报》最终以8.44亿英镑的价格卖给了日本媒体集团——日本经济新闻社。马乔里夫人著名的"永远都不会卖掉《金融时报》"的誓言最终还是被打破了，她当时已经退休没有权利阻止这笔交易发生了。她说："人们错误地以为我们对任何事情都是虔诚的。他们总是误解我，他们从来都不明白这一点。"

从2013年开始，培生集团转由约翰·法伦（John Fallon）领导，他是培生的前通信主管，也是马乔里夫人手下的第一批员工之一。随着教科书销售停滞不前，数字化教学领域的竞争对手又开发了付费教学工具的免费替代品，显然他的表现不如他的前任马乔里夫人。毫无疑问，首领型领导者的领导无疑会更有效地阻止投资者——前提是，该公司最终兑现了其有远见的领导者的承诺。

| 帝国兴衰 |

值得一提的是，当一个商业帝国初创期最核心的首领型领导者离开时，商业帝国会以最快的速度失败。1996年之前，工业家阿诺·温斯托克（Arnold Weinstock）勋爵在英国最大的企业集团之一通用公司（GEC）担任了33年的领导者。在温斯托克掌管公司后，公司营业额增加了110倍。他还创建了一条稳定的业务链，横跨电子、国防和造船，以热点（Hotpoint）和艾利（Avery）等著名工业公司为代表。1996年，他退休后不久，这家更名为马可尼（Marconi）的公司就被经理们拆散了，他们在出现金融泡沫时，灾难性地将公司推向了互联网设备行业，赔光了之前苦心经营的现金和储备。2003年，公司被债权人接管。

将首领型领导者与商业帝国建设联系在一起，这等同于滋生低效的放纵型管理团队。不过，还有一种相反的观点认为，资产和地域的分散性可以带来稳定的收入。不管怎样，首领型领导者都提供了强大的管理作用，即使这意味着通过自身领导的力量将公司和管理团队团结在一起。他们对公司绝对忠诚，虽然方式会有点专横，但这比之后提到的情况要好。

| 目光长远 |

与温斯托克勋爵一样，斯特法诺·佩希纳（Stefano Pessina）将公司视为他毕生的事业。他将自己家族的意大利小型药品经销商转变为世界上最大的药品零售集团之一——沃博联（Walgreens Boots Alliance，WBA），在其繁荣时期，沃博联的股票市值高达500亿。就像所有优秀的首领型领导一样，他花费了很长时间才实现这一成果。经过五年的不懈努力，他终于在2005年完成了分销业务单化联盟（Alliance UniChem）与陷入困境的英国高街品牌博姿

（Boots）的商业合并。2007 年，在 KKR 集团[①]的财力支持下，合并后的公司被私有化。

自始至终，这个意大利人都是一位具有远见卓识的领导，他看到了博姿的潜力，这是一个由英国国家医疗服务体系提供稳定收入来源的社区中心，很少有机构投资者能看到这种潜力。同时，他也保持着睿智，因为该公司负债累累，而信贷危机有可能使过度借贷的公司破产。

在此之前，佩希纳一直在意大利和法国进行收购，收购了一些小经销商，还遇到了药剂师兼女商人奥内拉·芭拉（Ornella Barra）。她后来成为 WBA 的联席 CEO 以及他在商业和生活上的合作伙伴——这解释了首领型领导者的原则，即个人生活和职业生活是相互交织的。

早在与博姿的交易刚刚签订不久，佩希纳就抢先一步开始寻找美国的合作伙伴。2012 年，他找到了沃尔格林（Walgreens），这家零售商在美国的知名度与博姿在英国的知名度一样高。在与沃尔格林的两段交易完成之前，他的注意力被中国的机遇所吸引——2017 年，他投资了中国最大的连锁药店——国药控股国大药房有限公司（GuoDa）。2018 年，美国连锁药店来德爱（Rite Aid）增加了约 1900 家门店。

2014 年，佩希纳表示："我一直以为，批发业务特别需要全球参与者，因为制造商和我们的供应商都是全球性的。令我惊讶的是，市场上竟然没有。"

佩希纳戴着眼镜，有一头浓密的白发，一副教授派头，他常常是穿着白大褂在实验室的长凳上修修补补，或是在街角商店的后面开处方。他说着一口标准的英语，吐字缓慢且清晰，经常环抱双臂、紧闭双眼躺在摇椅上。就

[①] KKR 集团（Kohlberg Kravis Roberts & Co. L.P.，简称 KKR），总部位于美国纽约的产业投资机构。
　　——译者注

是这样一位不依惯例行事的董事会大亨，一直在不懈地将自己的愿景变为现实，创建了一个市场范围涵盖 25 个国家的商业帝国，拥有 370 个药品分销代理和 3000 多家健康和美容商店。尽管如此，人们还是对他褒贬不一——要么把他描述成拯救了境况不佳的博姿的炼金术士，要么把他描述成最恶劣的野蛮人。

很多人称赞他有极强的耐力。2014 年，博姿和沃尔格林终于合并了，当人们预测佩希纳将辞职时，宣布离职的其实是沃尔格林年轻的 CEO 格雷格·沃森（Greg Wasson）。佩希纳的股权保证了其职业地位的稳定，他持有 WBA16% 的股份，仍是扩大后集团的最大投资者。但在 2020 年新冠疫情暴发期间和之后，这家非零售商对实体店营销的信念受到了严峻考验。有传言称，WBA 可能会在另一次破纪录的收购中被私有化，这样它就可以进行重组，摆脱季度报告的审查。无论是公开的还是私下的，你都可以肯定的是，在芭拉的陪伴下，佩希纳将继续保持统治地位，就像许多长期掌权的首领型领导者一样。

| 受伤的猛兽 |

2012 年 7 月，伦敦奥运会开幕式后的第二天早上，通用电气公司（General Electric，GE）的董事长兼 CEO 杰夫·伊梅尔特（Jeff Immelt）躲在圣潘克拉斯火车站旁边的一间营销套间里。在套间外面，大楼周围的巨大 LED 显示屏上快速循环播放着各种内容，屏幕前有一些孩子在阳光下玩耍。在套间里面，这位世界上最大的制造公司之一的老板却没那么活跃了。尽管伊梅尔特是国际奥委会 11 家顶级赞助商之一，但他现在不得不在电视上观看邦德、比恩、贝克汉姆和跳伞女王伊丽莎白二世的滑稽表演。三根肋骨折断带来的疼痛让他无法前往位于伦敦东部的斯特拉特福球场。第二天，他还在沙发上痛苦地坐立不安。

这是一位很少展现自己脆弱的首领型领导者，没有哪位勤奋的工业领袖愿意被人提醒他们不过也是普通人。如果他们的这个弱点被公之于众，那就更糟糕了。不过，这次的打击几乎没有对伊梅尔特造成什么影响，他还像以往那样精力充沛——他紧锣密鼓地参加了一系列会议，只不过为了配合他的紧张日程，这些会议被缩短到 15 分钟之内。和大多数美国人一样，伊梅尔特脸上挂着灿烂的笑容，习惯与宾客紧紧握手，同时，伊梅尔特也有着令人印象深刻的成就——这与托马斯·爱迪生的灯泡之家的领导者不谋而合。一个多世纪前，爱迪生的发明改变了数百万美国人的家庭生活。如果有人不清楚他的身份，那么不妨看看他脖子上挂着的那枚奥运纪念章，上面用粗体字写着"TOP"[①]。

除了灯泡，GE 还销售大量的基础设施——发电机、医疗扫描仪、风力涡轮机、飞机引擎、机车、石油和天然气设备。该公司拥有 30 万名员工，已经确立了作为美国工业领头羊之一的地位，在国际上也颇具影响力。伊梅尔特自 2001 年起担任 CEO，他接替了传奇的首领型领导者杰克·韦尔奇（Jack Welch）的位置。据说，韦尔奇的岗位绩效政策每年都会将公司表现最差的员工裁减 10%。伊梅尔特保持领先地位的秘诀很简单："你必须有远大的愿景，有强大的动力，你还必须具有一定的自我意识和自我反思能力。"

到 2012 年，通用电气公司看起来依然和以前一样强大，但回头看看，该公司与历任领导者一样，经历过多次调整。2009 年和 2010 年，受金融危机的影响，该公司被迫削减了此前未曾波及的股息。伊梅尔特当时正忙着对 GE 进行重组，剥离了化工和保险业务，以及美国全国广播公司（NBC），并缩减了通用金融公司的规模——这是 GE 的金融部门，曾是该集团许多问题的根源。然而，他缺乏向更多国家提供更多商品的国际视野。就在美国经济

---

① TOP 的全称是：The Olympic Partner。一般翻译为"奥林匹克全球合作伙伴"。——译者注

开始起飞之际，重建后的股息在 2017 年和 2018 年再次被削减，伊梅尔特此时已经离开了这个职位。他的继任者发现，这家曾经无懈可击的企业集团，如今已经变得松松垮垮、涣散，需要进一步精简。

因循守旧

过去的 10 年表明，商业帝国已经过时了——那些试图拥有它们的帝国缔造者也是如此。与其他任何类型的领导者相比，公司对首领型领导者的需求在减少。

股东们质疑规模的价值，社会对全球化不是那么确定，权力不应该是绝对的——它应该有必要的制衡机制。

支持"规模更大"的领导者最好谨慎行事，为问责制和包容性等问题寻找空间。提高绩效，理解消费者，满足所有利益相关者的利益，这些是补救型、销售型和外交型领导者更适合做的事。我们将在本书后面的章节中介绍他们的特点。对于那些认为自己什么都能做的首领型领导者来说，这是一次残酷的觉醒。当这些"世界冠军"们遭受打击时，情况会变得一团糟。

菲利普·格林（Philip Green）爵士自封"高街之王"，在五大洲拥有 3000 家店铺。自 2002 年收购阿卡迪亚（Arcadia）集团以来，这位大亨在时尚界拥有独特的影响力，旗下拥有拓扑肖普（Topshop）、托普曼（Topman）、多萝西·帕金斯（Dorothy Perkins）和塞尔弗里奇小姐（Miss Selfridge）等品牌。他利用这种影响力达到了他想要的效果，威胁那些不能充分反映他的成功的报纸撤掉他的广告。

菲利普爵士留着黝黑、光滑的卷发，日常穿着一身深色西装，内搭白色开领衬衫，他为人好胜且自信。他可以毫不费力地将客户吸引到位于伦敦购物圣地牛津街高高耸立的会议室里。他非常忙碌，但他对自己公司的关注却无微不至。这种无所不能，无论是真实的还是想象的，都是典型的首领型领导者行为。2013年，当他接受我的采访时，他正准备进行国际扩张，准备开设数十家特许经营店，其中有不少位于美国诺德斯特龙（Nordstrom）百货公司内。他把他那部破旧的诺基亚手机从桌子对面递过来，与我分享了他的短信。凌晨4点15分，一条短信写道："玛丽想知道为什么你还没有睡。"他快速回复道："因为我需要关注你们所有人。"

菲利普爵士试图将自己的业务扩展到该行业的其他领域，包括贸易条件、商店招牌、员工培训和税收政策等。他确保拓扑肖普时装秀成为伦敦时装周的主要节目，模特凯特·摩丝（Kate Moss）和时尚贵人安娜·温图尔（Anna Wintour）经常坐在前排。对于一个16岁就开始在商店里卖鞋的人来说，能取得当前的成就是付出了很多努力的。这位首领型领导者是一名交易员，通过买卖一系列零售商（包括Jean Jeanie和Sears）的股票而达到了所在行业的顶峰。直到1992年，当投资者因利润不足而要求他离职时，他才遭遇了罕见的挫折。

菲利普爵士的财富在2005年达到顶峰，当时他从阿卡迪亚获得了12亿英镑的巨额股息，是该集团当年税前利润的四倍。这笔钱被支付给了他的妻子蒂娜夫人（Lady Tina），她是摩纳哥居民，也是该组织的所有者。

10年后，情况变得更加糟糕。他的连锁百货公司英国家居店（BHS）被以一英镑的价格卖给了濒临破产的多米尼克·查佩尔（Dominic Chappell），结果一年之后这家公司倒闭了，失去了1.1万个工作岗位。外界的批评人士想知道，一个注重细节的人怎么会让这种事情发生。在一片抗议浪潮中，菲利普爵士向英国家居店的养老金计划捐赠了3.63亿英镑，但是仍然有人要求剥夺他的爵士头衔。

阿卡迪亚也在挣扎，被快时尚竞争对手海恩斯莫里斯（H&M）、飒拉

（Zara）和普里马克（Primark），以及灵活的在线竞争对手欧摩时和Boohoo推翻。2019年，债权人批准了一系列削减租金和关闭商店的措施，但很可能还会有更多的裁员。新冠疫情对商业街造成了毁灭性影响。菲利普爵士因未能迎接数字化挑战而打了一场错误的战役。

一个成长中的市场仍是媒体关注的焦点。菲利普爵士的统治被记载在书籍和由喜剧演员史蒂夫·库根（Steve Coogan）主演的电影《贪婪》（Greed）中。它的营销口号是"零售业中的魔鬼"，这不是一本圣徒传记。

依赖名声

首领型领导者不一定是长期在公司任职的人，也不一定是白手起家的企业家，但他们可以成为这些人当中的佼佼者。从商业界转换到金融界似乎跨度有些大，但本节将要介绍的首领型领导者和菲利普爵士的共同点是，他们都会通过人格魅力来获得权力和支持。

2012年，当英国财政大臣乔治·奥斯本（George Osborne）开始物色下一任英格兰银行（Bank of England）行长时，他渴望找到一个适合在伦敦作为全球金融界核心地位的人物。马克·卡尼（Mark Carney）没有让他失望，这位加拿大央行行长从金融危机中毫发无损地走了出来，这无疑让他在世界金融舞台上声名鹊起。马克·卡尼有着电影明星般俊朗的面容，并散发着平易近人的人格魅力，这与大众心中的央行行长是不同的。他是针线街（Threadneedle Street）的第一位非英国籍领导者，曾在牛津大学学习，并在投资银行高盛集团工作了13年，被认为是该职位的理想人选。奥斯本十分渴望能够让卡尼接替他的位置，当时宣传的任期是8年，但他破例允许卡尼签署5年的任期协议，尽管英国退欧引发的动荡意味着他的任期需要近7年。

英国央行从未出现过像卡尼这样的行长，这家拥有326年历史的金融机构在英国有着举足轻重的地位，但从未真正需要一位大人物来领导。银行在行业首领的地位并不依赖于首领型领导者的存在，因为它会孕育一种保守主义的工作模式，组织的运行依赖于领导者的权威。

然而，对卡尼的任命进一步表明，伦敦金融城有能力吸引来自世界各地的大人物。2004年6月，在伦敦金融城市长官邸举行的银行家晚宴上，卡尼的前任金勋爵（Lord King）谈到了伦敦金融城的"温布尔登化"（Wimbledonisation）[①]，用他的话说，就是"举办一场盛大的锦标赛，邀请海内外的冠军来参加"。

在工作领域，卡尼在国际舞台上享有很高的名誉，他同时担任金融稳定理事会（Financial Stability Board，FSB）主席，这是一个监督全球金融体系并提出发展建议的国际机构。在生活中，他展现出了另一面，在牛津郡的高端荒野音乐节上，他穿着淡紫色马球衫和短裤，活力十足，并且经常戴着灰黑相间的斯沃奇（Swatch）手表，而不是大多数银行巨头的标配——劳力士手表。

不过，这位首领型领导者要做的工作和之前的那些领导者都不一样。卡尼需要增强人们对金融监管体系的信心，这一体系在金融危机期间经受了严峻考验。为了做到这一点，在他上任的几个月前，英国金融服务管理局又招聘了1300名员工。这意味着英国央行需要将金融稳定与其广泛的职权范围结合起来，这一职权范围已经体现在货币政策（包括设定利率）和银行体系监管上。就像培生集团的马乔里·斯卡迪诺夫人一样，卡尼认为管理英国央行需要大家共同努力，尽管这并不令人信服。他说："这不只是我自己的事，我们作为银行的一分子，应该共同管理这个机构。"他当时指的是他的四名

[①] 温布尔登现象原本是指在英国举办的温布尔登网球锦标赛（Wimbledon Championships）中，让人讽刺的是却几乎没有英国选手得奖。后来人们将其应用于经济领域，指某个国家虽然已经成为国际性活动的场所，活跃着的却都是外国人。——译者注

副手和银行 COO[①]。

一位奋战在前线的领导者，不会惧怕被公众关注。不过，他自吹自擂的雄心壮志很难实现，这让世人明白，他也只是一个人而非神。关于他的策略，有两个方面值得我们注意：卡尼过去曾因没有公开透明而遭到了批评，以及他决定确保英国央行向市场明确利率走势。不幸的是，他提出的加薪与失业率相挂钩的政策很快就被取消了，因为失业总人数在减少，而经济没有预期的改善。

在他的任期内，利率变动的次数很少。在那动荡的几年里，2016 年英国公投脱欧，地缘政治紧张加剧，但交易员和投资者们并没有跟随他的脚步，而是一直猜测，到 2020 年 3 月他任期结束时，利率的下一步走势才会显现出来。

卡尼还着手改善英国央行的透明度、多样性和总体平稳运行。外界曾怀疑英国央行存在跟风和群体思维文化的问题，这在 2017 年让他受到了打击。当时他新任命的副手之一、人脉广泛的夏洛特·霍格（Charlotte Hogg）因未能报告利益冲突而遭到抨击并随后辞职。银行也在努力实现其多元化目标，尤其是在 BAME 高级代表方面。卡尼在 2019 年写给财政部特别委员会主席的信中承认：（银行经营）还有进一步改进的空间，我们将继续寻找方法，保持多样性和包容性的势头。

虽然他极易受到批评和指责，但强大的卡尼像是为舞台而生，尤其是在 2016 年 6 月英国脱欧公投后，他在安抚金融市场方面的机敏行动让世人赞叹。他的任命是一次试验，但并不完全成功。因此，2020 年 3 月上任的继任者可能会有更大的不同——长期在英国央行工作的资深人士安德鲁·贝利

---

① COO，首席运营官（Chief Operating Officer），又被称为"运营官""运营总监"，是制定企业长远战略、督导各分公司总经理执行工作的岗位。其主要是负责公司的日常运营，以及辅助 CEO 的工作。——译者注

(Andrew Bailey）完全不是首领型领导者。

科技巨头

富尔顿中心坐落在多条地铁线交汇的中心点上，是通往曼哈顿下城的门户，每天都会有成千上万的上班族涌入纽约的金融区。这个交通枢纽拥有着占据了整个城市数百万平方米的 WeWork 联合办公空间，以及布满自动扶梯又充满未来感的购物中心。

自 2010 年首次开业以来，这家联合办公初创企业在世界各地的城市地区开设了分部，并成为纽约和伦敦最大的写字楼租户。它的快速发展赢得了房地产开发商和市政府的认可与赞叹。这家初创企业渴望被投资，这样就可以为一些落后地区带来丰厚的利益，此外，年轻的企业家可能会入驻进来。

果然，在富尔顿中心这个充满诱惑的地方，坐落着一个藏酒丰富的酒吧，年代悠久的砖砌，低矮的沙发，时髦且有文身的人随意地坐在酒桌周围，目不转睛地注视着笔记本电脑和手机。亚当·诺伊曼（Adam Neumann）坐在人群的中心，他急切地想弄清楚为什么他的员工与那些匆匆忙忙的通勤者相比，会处于更高阶层。

诺伊曼是另一种风格的首领型领导者。对他来说，过去的企业家巨头们所穿的剪裁精致且昂贵的衣服并不适合他。他相貌英俊，目光炯炯，穿着一件黑色连帽衫，戴着无檐小便帽，黑而靓丽的头发从帽子里散露出来。尽管他的外表随性，但依旧掩盖不了他的强大气场。

在许多行业中，自负的傀儡领导已经逐渐消失，更加有学识和坦诚的人则更受欢迎。总的来说，下一代领导者看起来与上一代大不相同，但在技术领域，首领型领导者已经开始重返舞台。

没有什么语言可以描述这批年轻的领导者：他们宣扬的是一个可以共享的、自由的未来，但事实上，他们对员工、公司甚至整个社会的控制权超越了多年来人们对首领型领导者的想象。

诺伊曼将公共办公室变成了一种近乎宗教性的场所。他说："我想告诉人们，坚持你毕生的事业是成功的秘诀——不仅是为了谋生。"他还将该集团的扩张速度与罗马帝国的发展相比。到 2017 年初，WeWork[①] 联合办公空间吸引了大量的追随者，包括五大洲中 45 个城市的近 130 000 名成员。

诺伊曼倾向于运用社会黏合剂来维持公司的团结。作为"感谢上帝，星期一到了"活动倡议的一部分，他的员工会在每周一一起吃饭，然后一直工作到凌晨三点；他还鼓励员工喝龙舌兰酒。在采访中，由于新地盘的开张和有朝一日实现盈利的目标让他无法抑制热情，因此当讨论到未来的时候，他指出，WeWork 联合办公空间不是一家办公公司，它的秘密在于，只需按几下操作系统的按钮，就可以设计和管理世界上任何地方的商业和住宅建筑的布局。诺伊曼是一位救世主般的城市规划师，从零开始设计新的环境友好型城市的前景让他充满了活力。他说："我们想要建造像体育场和露天剧场那样的场所，让人们聚集在一起。"他甚至想到要建造学校、公寓、航空公司。诺伊曼有着远大的领袖抱负，而不是简单地掌控着一个毫无头绪的公司结构这样的目标。

来自软银集团（SoftBank）的数十亿英镑的资金支持推动着他去实现这些雄心壮志的目标。软银集团旗下的愿景基金（Vision Fund）在新兴技术上押下了巨额赌注。事实上，不只是软银集团，纵观新技术领域，投资者都在支持有远见卓识的首领型领导者，他们都希望可以利用其爆炸性增长的资源。这些股东并不为 GE 和其他传统公司的逝去而哀悼，取而代之的是倾向专注于具有庞大的企业集团、能够削减成本、提高股东价值和追求可持续发

---

① 2023 年 11 月 We Work 在美国申请了破产保护。——译者注

展战略的领导者。然而，在技术世界中，下一代首领型领导者（其中许多人也是创始人）已经找到了一条异军突起之路。比如，具有广泛的、相互关联的投资组合的谷歌公司的登月部门；具有支配性人格的推特的杰克·多尔西（Jack Dorsey），尽管股东回报不佳，但他几乎可以随心所欲地做任何事，直到激进投资者埃利奥特管理公司（Elliott Management）提议解雇他。

如此多的私人资金一直在寻求最好的去向，以至于这些公司会比其他公司更晚进入股市。他们的负责人可以在较长的时间内对合资企业保持着更大的控制权。这意味着今天的首领型领导者是一个不会被告知该如何表现的技术巨头，例如，Facebook 的马克·扎克伯格、亚马逊的杰夫·贝佐斯或特斯拉的埃隆·马斯克（Elon Musk）。当社交媒体服务色拉布（Snapchat）背后的 Snap 公司于 2018 年 3 月在纽约上市时，没有附加任何投票权，这样创始人埃文·斯皮格尔（Evan Spiegel）和鲍比·墨菲（Bobby Murphy）就可以保留对董事会的控制权。

把这么多机会拱手让给新一代的首领型领导者，会给股东们带来源源不断的回报。飙升的股价和已故的苹果公司创始人史蒂夫·乔布斯等人的卓越表现使华尔街成为他们的附庸者。但每隔一段时间，社会文化就会破坏原有的愿景，比如，拼车应用软件优步的掌门人特拉维斯·卡兰尼克（Travis Kalanick）被迫下台。我们将在另一章探讨创业型领导者的特殊优势和劣势。

最终，WeWork 联合办公空间并没有按照其领导者希望的方式运作。这家计划于 2019 年 9 月上市的公司因一份模糊的招股说明书令投资者感到不安，甚至还被披露出不可调和的冲突，比如诺伊曼租给 WeWork（现在称为 We Company）的房产是他的部分财产。该公司的估值从 470 亿美元大幅削减至 50 亿美元，导致数千人失业，魅力超凡的诺伊曼也离开了该公司。据报道，软银集团以 10 亿美元收购他在该公司的股份的协议破裂，致使其使用了法律武器来解决这一争端。

首领型领导者并不完全属于过去的时代，尽管他们是一种"濒临灭绝的物种"，对他们来说，个人的说服能力和出色的表现让他们被赋予权力的这一点是没有改变的。那些出色的、不妥协的领导者的职业前景一片光明。然而，即使是最坚定、最鼓舞人心的人也必须接受更严格的审查、制衡，而那些没有兑现诺言的首领型领导者将发现自己被另一种类型的领导者所取代。

chapter
02

第 2 章

补救型领导者

优点：

高效、无所畏惧、直截了当、勇往直前。

缺点：

目标短浅、冒险、无情。

适合：危机情况下，重振一系列表现不佳的公司。
你会在哪里找到他们：在出现危机、深陷绝望的公司。

特快专递

2010年8月，一个炎热的星期五傍晚，夕阳的余温还未散去，走在路上，迎面的风似热浪扑来。忙碌了一周的伦敦上班族们正迫不及待地离开工作岗位，拖着疲惫的身躯拥挤在下班的路上，准备开始美好的周末假日。高茉雅也不例外，但这时，一段偶然的谈话打乱了她的计划，她忽然意识到，皇家邮政面临的危机比她预想的要严重得多，高茉雅称这一刻为她的"慌乱时刻"。

她所在的财务部门的一名职员（不是财务主管，在前任财务主管辞职后，便没有财务主管）告诉她现金流太差，公司可能无法支付下个月的工资。高茉雅回忆起来一句话并借此提醒自己："无论你在思考什么，无论你跑得有多快，你最好都要加快步伐。"

她已经知道自己要面临的挑战——这就是她六周前才接受这份工作的原因。皇家邮政是英国邮政机构的领头羊，它们那喜欢吹着口哨的邮递员和印有女王头像的邮票已成为英国国家身份的代名词。但如今，因邮量大幅减少，进而导致工会反抗、财政困难，它们正在努力维持生存。高茉雅不仅希望让皇家邮政（其起源可追溯至亨利八世时代）现代化，还希望它能摆脱国家控制以重获自由。要知道，在20世纪80年代，就连英国最擅长出售资产的首相玛格丽特·撒切尔[①]（Margaret Thatcher）也没有考虑过将其私有化。

高茉雅是一位可以扭转乾坤的领导者。她说"我会高度关注那些需要解决的问题，如果它没有向不好的趋势发展，我就不会浪费时间，因为我不是保姆式的CEO"。补救型领导者就像是消防队长，不仅不惧怕冲进火场，还

[①] 英国右翼政治家，英国前首相，1979—1990年在任。她是英国第一位女首相，也是自19世纪初利物浦伯爵以来连任时间最长的英国首相。她的政治哲学与政策主张被通称为"撒切尔主义"，在任首相期间，对英国的经济、社会与文化面貌做出了既深且广的改变。——译者著

勇于寻找解决方案。在一家适者生存的无情企业中，失败屡见不鲜，颠覆也不是什么新鲜事，但技术、全球化和监管的影响似乎正在加速扩散。2017年，投资银行瑞士信贷（Credit Suisse）的一项研究发现，自20世纪50年代之后的60年，世界前五百强的公司成立时间均不超过20年。

品牌可能会失宠，工厂和机器可能会被淘汰，而且这一切都会因不断变化的趋势和灵活的竞争对手而加剧。补救型领导者的任务是采取激进的行动来扭转这个状况不佳的局面，这可能涉及数十家工厂和数千名员工，它们面临的挑战就是要做出正确判断，以使这一切都变得有所不同。有证据表明，手术中的偏差可能会导致患者死亡，因此负责的外科医生必须格外小心，不要过早进行太多治疗，他们必须制定一个可持续的治本解决方案，而不是一个治标方案。

高茉雅在2010年初花了几周的时间去了解皇家邮政，当时该公司拥有16万名员工，每天递送6000万件物品，并经营着69家邮件处理中心，这意味着投送快递的范围应尽可能地广。尽管补救型领导者的决定可能不被接受，但他们知道必须让员工站在他们这一边，对企业进行改革。在大多数情况下，只有资历深的员工明白为什么失败的企业如此迫切地需要变革。皇家邮政不得不削减成本，更新工作方式并进行重组，成为一家包裹递送公司，为即将到来的网上购物浪潮提供服务。不过，在那个时候，若将所有这些补救方式付诸实践就会显得太鲁莽了。

高茉雅说："很多人说这完全是企业战略或愿景的问题，对于一家没有像皇家邮政那样陷入困境的公司来说可能就是这样。"在她看来，第一个挑战是掌握主要业务流程，并将其置于控制之下——从现金流开始。"如果你不从现金流开始，你就会跌入谷底，这会迫使你关注资本配置。如果钱柜里有现金，那么谁有优先权？"现金总能帮助皇家邮政起死回生。在高茉雅到来的前一年，该集团的交易现金流净额为5.17亿英镑，主要原因是，仅仅是养老基金就花费了8.67亿英镑。

第 2 章 补救型领导者

补救型领导者会做出更精准的选择，那就是当情况发生变化时，会交替出现这样的两件事：他们在接受一个职位之前会先做研究，然后规划如何迎接他们要面临的挑战。只有列出成功的情况，才能判断他们是否成功——并因此获得适当的奖励，但是在任务结束后最好不要急于宣扬自己。

高茉雅曾受到皇家邮政董事长唐纳德·布莱顿（Donald Brydon）爵士的青睐。布莱顿曾是一位资深的资产经理，后来成为伦敦金融城的风云人物。不过，高茉雅需要自己来研究如何处理手头的任务。2010 年初，她伪装成一位感兴趣的海外商业领袖，与英国通信管理局（Ofcom）的前副主席理查德·胡珀（Richard Hooper）进行了交谈，他在两年前撰写了一份评估报告，建议私人投资通信业务，最终该报告由政府公布。她意外地得知皇家邮政的监管模式完全无效，甚至可以说是即将崩溃时，她说："不过，这样的研究只能帮到你这么多，你可以做很多本职的调查，但在你做完这些之前很可能无法了解真正发生了什么。你必须自己去衡量很多事情，与人交谈并多加聆听。"

然后是在受聘条件上，高茉雅善于发现机会。她明确表示，除非当时的政府支持私有化，否则她不会从加拿大过来。高茉雅通过整改加拿大邮政赢得了众人对她的支持，该邮政遇到过许多与皇家邮政相同的问题，只不过它服务的家庭数量只有英国皇家邮政的一半，且这些家庭分散在那些比欧洲更大的地区。高茉雅也有过辉煌的经历，在加拿大运输部任职期间，她积极参与加拿大国家铁路私有化的改革，最终取消了持续百年的铁路补贴，而这些补贴将对萨斯喀彻温省和马尼托巴省种植小麦的农民大有益处——帮他们将农作物推向市场。

高茉雅对处理政府资金短缺的问题并不感兴趣，她认为必须有一个目标和一个结果。如果共同的目标是将皇家邮政私有化，使之前放弃回购的私人投资者值得拥有，那么这就会是现代化的催化剂，也是最终的解决方案。关于这一点，后来在纽约的某个炎热的下午得到了解决。

2010年5月，高茉雅坐在哈佛大学的古老校园内，等着参加女儿的毕业典礼。就在毕业典礼开始之前，她的手机响了，是唐纳德·布莱登爵士打来的，他带来了好消息和坏消息：媒体上报道了任命她的消息（尽管当时她还没有正式接受这份工作）。唐纳德爵士还向她宣读了女王演讲的内容，确认新的保守党和民主党联合政府计划将皇家邮政私有化。她回复说道："请把我的计划考虑在内。"接着，她回到了座位上，见证了女儿的重要时刻。

因此，在8月的一个下午，高茉雅在发现资金短缺后，再次给她的母亲打了电话。她的母亲是一位与孩子非常亲近的退休教师，因此高茉雅从小受到的教育就是能够清楚地表达。高茉雅告诉母亲，她刚刚接手的业务正在面临破产的危险，她的预期甚至比那些加拿大人还要准确。高茉雅回忆起母亲曾对她说的话："无论你周末有什么计划，我的孩子，你最好都关上门，准备好星期一再去，想想如何才能不会发生这种事。"

离了婚的高茉雅独自生活，但还没来得及在伦敦找到房子，因此她回到酒店的房间制订计划。补救型领导者习惯了繁忙的生活节奏，这使他们与许多种类型的领导者截然不同——后者喜欢在为新公司制定战略之前花时间倾听和学习。然而，对于补救型领导者而言，不仅要提前100天通过合作实施补救措施，还要果断出击。

在星期一的银行假期结束后，高茉雅要做的第一件事就是召集她的团队，详细说明她的应急计划，这个计划取代了她原有的计划。她很有魅力，坚持自我，非常健谈，而且有点戏精潜质，所以非常适合应对未来可能会出现的突发事件。

她向同事解释说，她的应急计划分为三个方面：皇家邮政务必紧急提取现金，与供应商更改付款条件，并在可能的情况下提高价格。她的第一个行动是为皇家邮政的所有供应商召开一次会议，她不打算排挤实力小的公司，而是恳求能从实力强的大公司中获得共同竞争的机会。她立即得到了利文斯顿勋爵（Lord Livingston）的支持，利文斯顿勋爵是当时英国电信的 CEO 和皇家邮政最大的债权人，他同意她可以推迟付款的时间。

高茉雅的策略是冒险的。他们提醒包括工作人员在内的利益相关者，皇家邮政确实陷入了困境——尽管大多数人已经知道了这一点，但变革即将到来，而且是由高层领导的。这场危机不能逃避，高层领导者别无选择，只能支持新老板，高茉雅自己也承受着需要兑现承诺的压力。

高茉雅明确表示，作为一位补救型领导者是多么地孤勇。她说："在那几周里，我真的忙得不可开交。""除了吃饭和睡觉以外，我几乎所有的时间都用于工作，只是偶尔能抽空散散步——这有助于我了解白天发生的事情和我想得到的信息，但我并不感到孤独，因为它让我充满了激情。"

很少有补救型领导者认为自己只是能够解决危机的经理或者看护人，一旦他们决定加入就会做出承诺。根据高茉雅的说法，身为新领导者的时间并不会太久。她说："在一段时间内，权力从董事会转移到 CEO 手中，但时间并不长。一旦他们决定让你担任这份工作，他们就不会在前六周内解雇你，因为这会让他们看起来像是一群傻瓜。不过，他们可以在七八个月后解雇你，而且肯定会在两年之内完成。"因此，她不必担心获得董事会和政府的支持，因为到了 11 月，供应商多到已经在排队，现金状况也有所改善，她也可以松口气了。现在，补救型领导者的身份帮她恢复了原来的行动计划，还提高了她能解决危机情况的可信度。

│ 淡泊名利 │

在高茉雅上任的前一年，皇家邮政已经落入欧洲最古老的私人股份公司之一 CVC 的手中。然而，由于对政治动荡，以及担心私有化对纳税人没有太大价值，当时的商务部长曼德森勋爵（Lord Mandelson）推迟了拟议中的部分私有化交易。

CVC公司在比利时和丹麦经营邮政业务，是催生了全新一代补救型领导者的收购公司之一。这些新公司仍然聘请转型专家来拯救企业，但在改善运营的同时，通常还会进行财务重组——无论公司是否需要彻底调整其资产负债表。这让企业背上了沉重的债务负担，甚至选择以未来收入流作为抵押，以获取大量股息，这种典型的策略使得本就运营困难的公司雪上加霜，将导致更加严重的后果。

蒂姆·帕克是CVC公司最喜欢的补救型领导者之一，他因削减了数千个工作岗位而被愤怒的工会称为"黑暗王子"，还因经营英国汽车协会（Automobile Association，AA）（CVC拥有部分股权）而声名远扬——他的绰号也来源于此。该公司负责处理英国各地出现的故障问题，因其"路边巡逻队"的工程壮举而闻名于世。然而，2004年在公司领导层中安排一位补救型领导者可不是一个明智的选择。

在帕克的领导下，AA的员工削减了3300~6700人，并通过融资将债务推高到令人瞠目的19亿英镑。私募股权投资的方法引起了很大的争议，AA公司的首席、收购公司珀米拉（Permira）的董事长达蒙·巴菲尼（Damon Buffini）成了英国总工会（GMB union）活动人士的攻击目标——抗议者在巴菲尼经常做礼拜的伦敦南部克拉珀姆的圣三一教堂（Holy Trinity）外面牵了一头骆驼，并引用了《圣经》中的一句话："富人进天国比骆驼穿针眼还难。"

AA并不是帕克第一个为其增资的公司，他曾在家族经营的制鞋公司其乐（Clarks）和汽车维修连锁店Kwik-Fit进行过类似的转型。他自信、理智、悠闲，梳着一头灰色鬈发。他清楚地知道，补救型领导者的工作不怎么讨人喜欢。他说："我喜欢拥有很高的声望，但是我宁愿舍弃声望，也要把工作做好。实际上，如果你多年后再去问人们的感受，他们就会说我们做的事情都是正确的，而且做得很好。例如，当你拿到 4000 万英镑的酬劳时，就不会太看重声望了，就像帕克在 AA 所做的那样。"

在他职业生涯的早期，他有幸接触到了其他领导者，并向他们学习了经营企业的方法。在担任过初级财政部经济学家之后，他转到了私营部门。作为电子巨头索恩百代（Thorn EMI）董事长威廉·巴洛（William Barlow）爵士的助理，帕克能够跟着领导工作，这让他增长了见识，当他经营的水壶成为食品搅拌机制造商凯伍德（Kenwood）的指定供应商时，给他带来了一个大好机会。1989 年，帕克领导了一笔价值 5400 万英镑的管理层收购，仅三年后，就创造了价值 200 万英镑的浮动股份收益。

这种拯救运营不佳的企业资产复苏模式已经被运用了很多次。对帕克来说，他的思路是这样的：先是确定企业的一项核心业务，然后剥离多余的东西，削减成本以释放资金，并在核心业务重建时再投入资金。

他最近一次拯救的是旅行箱包公司新秀丽（Samsonite），该公司在严重的经济衰退（导致航空旅行业务急剧下滑）中苦苦挣扎。与他拯救其他公司不同的是，他与新秀丽之间的关系并不是短期的。帕克自 2008 年以来，一直担任该公司 CEO 近五年，并负责公司在中国香港的上市。2014 年秋季，他重新担任非执行董事，他与新秀丽的关系是长期、双向的。

帕克的风格就是不做群体的主宰。例如，他永远不会和首领型领导者混淆，他认为速度很重要——不仅仅是因为 CVC 和他们的同类公司正在寻求快速回报。就像高茉雅在资金耗尽后调整她的皇家邮政计划一样，帕克还相信改变方向的力量。

他说："你能做出的最佳决定就是及时止损，商业的本质是抓住时机和完成任务，很多人之所以失败，是因为他们过于执着于自我辩护。而我学到的是就算我做错了，我也不会感到尴尬。"

| 一切从简 |

化繁为简是成功的补救型领导者的标志之一，克里斯托弗·布兰德爵士深信这一点。2001年，他挽救了英国电信的危机。当时，这家前英国电信垄断企业陷入了一个可怕的困境——不仅背负着280亿英镑的巨额债务，还要挽救不断下滑的销售额。作为即将上任的董事长，克里斯托弗爵士是当权派的重要人物，他曾担任过BBC和众多私人公司的董事长。

当这家对英国有一定影响力的公司面临危机时，他的任命对英国电信来说就像是一颗定心丸，甚至在他开始工作之前就帮助股东和员工恢复了一定的信心。他认为，强调积极的一面、恢复士气是扭转颓势的关键。他自豪地说："谁负责这个行业的研发？英国电信。我们几乎包揽了英国所有的电信工程！"

克里斯托弗爵士可能会因为开展这项业务所需要注意的许多细节而焦头烂额，该业务从私有化前作为旧邮局的一个部门开始就一直受到官僚作风的压制。由于担心长期固定电话业务收入受到互联网的威胁，英国电信做了很多的准备工作。这位曾在1960年奥运会上代表爱尔兰出战的前陆军军官来到英国电信时泰然自若，似乎他手握"清单"，可以随时确定优先事项。

克里斯托弗爵士把复杂的问题归结到一张要紧急处理的事项清单里，这不仅能让他集中精力，也让其他人集中精力。该公司的发展方向在很大程度上是由投资者决定的，但他提出了以下要点：分拆移动业务、出售黄页目录部门、开展一次大规模的配股发行、物色一位新的CEO。多年以后，他手里仍握着这张陈旧的清单，还不时地挥舞它，炫耀他在英国电信的发展历史上做出的贡献。

紧随其后的是另外五个"长久挑战"，都被列在了一张清单上，它们分别是：增值、防御型战略、客户服务、建立网络，以及说服政府和英国电信价值的监管者。直到 2020 年，新冠疫情暴发后，英国电信首次暂停了持续派发了 36 年的年度股息，英国电信当时的领导者面临了类似 2001 年规模的危机，他们也没有设法将这家电信公司的使命简化到如此简单而有效的程度。

补救型领导者有时会被定义为行业专家，当他周围的人似乎都受到了影响而有所动摇时，补救型领导者依然能坚持到最后。就像布兰德爵士那样，补救型领导者首先要做的是安抚民众、消除疑虑，他们需要一个好的名声，然后才是做出艰难的决定。

约翰·麦克法兰（John McFarlane）从澳大利亚回到伦敦是明智的，在澳新银行集团（Australia and New Zealand Banking Group，ANZ）退出新兴市场的 10 年后，他重新振兴了这家银行，并因此获得了很好的声誉。然而，在北半球，银行业高管群体就没那么幸运了，他们失去了信任——要么是因为他们领导的机构陷入了金融危机，要么是因为他们未能挽救这次危机，因此高级职位往往虚位以待，合适的人也不多。

麦克法兰满头白发却身材敦实，看起来充满自信却平易近人，他早已做好了填补空缺的准备。他本来很有可能成为苏格兰皇家银行（Royal Bank of Scotland，RBS）的主席。2008 年，在 RBS 配股 120 亿英镑后不久，他就以非执行董事的身份加入了董事会。RBS 专横的 CEO 弗雷德·古德温（Fred Goodwin）不计后果的收购行动，极大地改变了大众对这一职位的看法。聪明的补救型领导者在选择合适的职位时都非常慎重。

相反，麦克法兰在 2012 年成为英杰华（Aviva）公司的董事长，该公司是英国最大的综合保险公司和人寿保险公司，但业绩平平，历届管理层都未能提升其营业额。麦克法兰的工作方式是重复运用同一种成功的模式，就像前文提到的蒂姆·帕克。

对麦克法兰来说，最重要的是钱。要想让资源到它该去的地方，就意味着削减成本，削减海外市场上毫无意义的资产——首领型领导者则可能会抓住这些资产不放手，以保住自己的帝国。难怪这位曾为"秘密"（The Sekrets）乐队成员的苏格兰人，对绰号"飞刀麦克"（Mack the Knife）感到非常高兴，这首与之同名的歌在20世纪60年代的美国非常流行，由歌手鲍比·达林（Bobby Darin）演唱。

麦克法兰到了英杰华后，立即展开了工作。他与财务总监帕特·里根（Pat Regan）（里根后来成为澳大利亚保险公司QBE的CEO）交换了办公室，这样他就不用在建筑工地四处奔波了。至少里根被允许留在公司里，而CEO安德鲁·摩斯（Andrew Moss）因股东的反对而被迫辞职。你可能会疑惑，如果投资者不那么做，或许麦克兰法会帮他走出危机。

在物色下任CEO的过程中，董事长麦克法兰暂时承担了管理工作，两个月内制订出了发展计划——削减管理层，现有的占用60亿英镑资金的58个业务部门中有16个部门将被裁掉。他说："我的第六感一向很强，也不需要读很多东西来解决问题，因为我总是很快能抓到重点。"

和克里斯托弗·布兰德爵士一样，麦克法兰喜欢把工作往前赶。他会先定下框架，然后让他挑选的CEO来决定行动计划的细节。他在一次采访中说："我根本无法想象自己担任一家银行的主席，这是不可能的。"仅仅才过了一年，也就是2015年，他顶着压力上任巴克莱（Barclays）银行董事长这一职位。

这又是一个面临危机的机构，需要一位优秀的补救型领导者。"忘掉金钱的承诺吧。"麦克法兰对自己的能力很有信心，对声誉的渴望和随之分泌的肾上腺素更能吸引他。有时，当他同意出任一个重要的新职位时，他得用一件新首饰来哄他的妻子安妮。这听起来像具备首领型领导者倾向，但补救型领导者通常不会犹豫。在巴克莱，尽管麦克法兰与CEO杰斯·斯特利（Jes Staley）存在矛盾，但该行的利润得到了提升，即使股价下跌，一位维权股东试图迫使董事会削减投行部门的规模，但没有成功。

第 2 章 补救型领导者

2020 年 4 月，麦克法兰成为西太平洋银行集团（Westpac Group）的董事长。西太平洋银行集团是澳大利亚历史最悠久的公司，也是该国第二大零售银行，曾因洗钱的丑闻而受到冲击。然而，对于一位经验丰富的补救型领导者来说，这几乎是完美的局面。麦克法兰说："身边的人都知道，当我回到澳大利亚时，我并没有打算再担任重要的领导职务。不过，我对澳大利亚银行业充满热情，在最近发生的事件之后，我对西太平洋银行集团重新成为全球领先银行的挑战感到兴奋。"

对于一位能够扭转乾坤的补救型领导者来说，斯蒂芬·赫斯特（Stephen Hester）与蒂姆·帕克、约翰·麦克法兰、克里斯托弗·布兰德爵士毫不相同。赫斯特是 RBS 在 2008 年金融危机后的 CEO，当时该行需要纳税人 450 亿英镑的救助。2013 年，罗斯·麦克尤恩（Ross McEwan）接任 RBS 的 CEO 时，他的财务总监布鲁斯·范·桑恩（Bruce Van Saun）对他进行了贿赂，这是一个明知故犯的恶劣事件。

赫斯特骑马去猎狐的画面引发了人们对复兴 RBS 的质疑。一个像纨绔子弟一样的人执掌着由纳税人持有多数股权的人民银行，这一形象很难获得大众的支持。这也使赫斯特成了众矢之的和批评对象，但他却认为自己值得拿到这些奖金。对赫斯特来说，2008 年那张臭名昭著的照片拍摄于他进入 RBS 之前，而进入 RBS 之后他还没有骑过马。显然，麦克尤恩不想成为被人议论的对象。

补救型领导者往往容易被卷入舆论的旋涡中，他们有可能会失去自己的幸福。赫斯特在领导 RBS 期间体重下降，婚姻破裂。如果只是为了生意，那么他还能应对自如，但是报纸头条、议会中的问题、日常监督的公共性事务等事情则让他有些忙不过来。几年来，赫斯特不仅是英国最有名的补救型领导者，还是最引人注目的 CEO。

2013 年，赫斯特因战略问题被政府开除后，他立刻跳槽到另一家陷入困境的富时100指数金融服务集团RSA。RSA需要改进,但与RBS相比,前者需要解决的问题显得微不足道。RBS于2020年7月更名为国民西敏寺银行集团(NatWest Group,NWG)。他离开银行后,身上的任务显然轻松了很多。

在RBS,政府的部长们明确表示,银行家的首要也是唯一任务就是把国家的钱拿回来。然而,赫斯特还有其他更重要的事情,他知道,他必须大幅缩减RBS的规模,以重新赢得全球货币市场、股东和客户的信任,在他的前任CEO弗雷德·古德温建立帝国之后,这些人开始背弃这家银行。在国有化后的北岩银行(Northern Rock)董事会工作的八个月,让他为即将面临的磨难毫无准备。在对新的RBS将保留哪些资产、将出售哪些资产的进行战略评估之后,赫斯特作为补救者,在三个月之内就解决了30亿英镑的不良贷款,在三年内将银行的资产负债表缩减了6000多亿英镑。

2014年,对于拥有More Than品牌的普通保险公司RSA来说,速度仍然很重要,因为随着市场状况的不断恶化,公司渐渐耗尽了财务资源,人们对此感到担忧。赫斯特的预测是非常重要的,他说:"一开始必须做的关键事情是努力确保潜在的公司是一家好公司,是可以修复好的公司。否则,这就像即便你给身患绝症的患者充足的药品,也无法挽救他的生命。"

赫斯特发行了7.73亿英镑的配股,并开始了一项出售计划,以挽救持续很久的负债情况。不过,在解决财务问题之后,RBS还需要更长的时间来修复声誉、产品报价和交易数据,就像大多数扭亏为盈的过程一样,这注定也是一个不同步的过程。赫斯特还必须向他手下的23 000名员工解释为什么要采取某一项措施,这也需要很快完成。不过,他很乐观地认为补救型领导者应该对周围的人诚实,以及知道什么时候需要继续前进。他说:"我认为你必须说出你的看法,但你同时经营着一家公司,所以你还必须是一个实用主义者。"

第 2 章 补救型领导者

| 及时补救 |

2013 年，高茉雅曾对领导者们发出过预警："补救型领导者的工作永远都不会结束。如果你想知道这个行业崩溃的速度有多快，就看看现在的加拿大邮政吧！"当时，她领导的皇家邮政的转型开始初见成效。"我离开加拿大邮政后，他们举行了全国罢工，失去了很多生意。"与此同时，皇家邮政的状况则要好一些：年利润几乎增长了两倍，达到 4.03 亿英镑；生产率提高了，一类邮件邮票（first-class stamp）的成本也从 46 便士提高到 60 便士；2013 年 10 月，该公司在股票市场首次亮相，实现了奇迹般的逆转。

2018 年 6 月，高茉雅卸任了 CEO，她的成就包括：掌控了工会、降低了成本、对企业进行了投资，并通过谈判达成了更容易的监管解决方案——同时还保持着一项"统一服务义务"（universal service obligation，USO），这意味着信件可以每个星期有六天能送达苏格兰高地，而且所花的费用和伦敦同城快递费用一样便宜。至关重要的是，她说服政府取消了大部分养老金补贴，因为这些补贴占用了皇家邮政的大量资金。

然而，在 2019 年 5 月，该公司股价暴跌，股息被削减。高茉雅的继任者里克·贝克（Rico Back）曾负责集团里利润丰厚的欧洲配送部门，他需要制定新的战略，打破亏损的局面，以提高利润率和生产率，并承诺向英国业务投入 18 亿英镑。同年秋天，高茉雅花了大量时间说服通信工人工会（Communication Workers Union）投票，支持其成员的罢工行动。2020 年 5 月，新冠疫情暴发给该公司带来了巨大压力，其股票交易价格仅略高于发行价的一半，贝克立即退出了公司管理层。

对于任何一个解决问题的人来说，最艰难的挑战就是要他证明自己不仅能帮助公司起死回生，还能让公司持续发展。宣布一项雄心勃勃的五点重整计划固然很好，但如果没有实现，那么他最好还是不要到处宣扬其宏伟蓝图了。那些制造了短期闹剧却不为结果承担长期责任的领导者不值得聘用。

对于这一挑战，一种冷嘲热讽的说法是，有这些私募股权激励的转机为后盾，一些补救措施就像是创可贴，只要长期激励计划能够兑现，或者只要不知情的机构投资者在首次公开募股（initial public offering，IPO）中认购了股份，就能奏效。当然，如果交易不符合预期，那么股份所有者所带来的债务负担可能会让公司迅速走下坡路。解雇太多员工会打击公司剩余员工的士气，并使公司丧失其技能基础——这些指标在损益表中都很难追踪。

更好的答案是，没有什么是永恒的。当一场会计丑闻被曝光时，试图证明自己没有问题的审计人员有时会说，如果一辆汽车已经从汽车修理厂开出了足够远，就不能把随后发生的故障归咎于最后一位修理它的机械师；如果老板不再是老板了，无论再出现什么问题都不是他们的问题了。

注重过程

哈里特·格林（Harriet Green）曾因闪电般的速度拯救了托马斯·库克（Thomas Cook）公司而备受赞誉——尽管随着这家英国度假公司濒临破产，这种赞誉也逐渐消失。最终在 2019 年 9 月，也就是格林离开的五年后，英国民航局完成了和平时期最大规模的遣返行动，将大约 15 万名被困的度假者从度假胜地带回了家。

格林 28 个月的掌权生涯无疑是短暂而又具有强烈冲击性的，而且很难知道，如果格林没有如此努力地试图解决问题，托马斯·库克是否可能会更早破产。运气和环境在任何领导者的工作中都起着很大的作用。CEO 们谈论着如何控制环境，但如果市场状况不佳——就像在旅游市场和配送市场出现的情况那样，他们能做的最好的事情就是让公司避免发生最坏的情况。

当格林在托马斯·库克公司工作了一段时间之后，形势出现了明显好转的迹象，这让投资者兴奋不已。由于她迅速采取行动，进行了 16 亿英镑的再融资、多次抛售、重新激活了员工队伍，以及节省了 4 亿英镑的成本等举措，致使公司股价上涨了 10 倍。尽管随着网购模式日益风靡，很多消费者不再外出旅行购物，但格林仍试图证明传统旅行社模式依然存在着生命力，投资者、客户和媒体也都能看到局面正在好转。

格林称自己不喜欢安逸。在电子零部件分销商派睿电子（Premier Farnell）工作了六年后，她渴望尝试换一个职位，甚至写信给托马斯·库克公司的董事长，表示自己愿意为其服务。"你大概知道什么时候该走了，"她说，"就我而言，我之所以待在这里，就是因为肩负挽救危机的使命，要做出深刻的改变，如今，我的使命完成了。"

对格林来说，补救是她在艾睿公司（Arrow）工作时学会的一种生存本能，艾睿公司是一家收购欲望极强的半导体分销商。她解释说："当你来到韩国接手一家刚被收购的公司时，你的韩语不是很好，而且那里的工作环境也不是最好的，但这会培养你一种应对不同文化和不同情况的适应能力。"她还承担过其他艰巨的任务，比如去撒哈拉以南的非洲工作，在以男性为主导的工作环境中占有了一席之地。

2019 年 10 月，在英国商业部、能源和工业战略委员会对托马斯·库克公司失败原因的调查中，格林透露，因为公司内部对变革的规模和速度存在分歧，导致她于 2014 年 11 月迅速离职。她说："当然，董事会和我在资产水平以及数字化转型的速度和步伐上存在分歧，数字化转型每天都需要发生。这正在改变一家企业的核心理念，就像我在派睿电子公司所做的那样。在六年的时间里，它确实一直在发挥作用。我们当然会产生意见分歧。"

2014 年 10 月，格林在梅费尔（Mayfair）酒店参加晨间瑜伽课程时，《纽约时报》（*The Times*）对她进行了一次采访［标题为《如何成为超级老板》（*How to Be a Superboss*）］。尽管采访时间不合时宜，但这并没有影响她的情绪。与斯蒂芬·赫斯特一样，格林也知道，当补救型领导者所依赖的关键董事会或股东的支持开始减少时，她的工作便会举步维艰。

补救型领导者与首领型领导者的不同之处在于，他们的实际权力要小得多。他们受雇是为了拯救一家公司，但在眼前的危险过去后，追求稳定生活的董事会则有可能会选择聘用一位手段不那么强硬、不会轻易打破现状的领导者。

"企业休克疗法"并非总是有效，但由于企业总是会不断陷入麻烦，因此总得有人去解救危机。我们从皇家邮政的例子中可以清楚地看到，补救型领导者发挥了一定的作用，但公布一家公司曾经深陷危机并被成功拯救是一种有风险的做法。企业像一个有生命的实体那样，会继续发展、交易和竞争。未能让工会齐心协力可能意味着这是一家脆弱的公司，但最终就像高茉雅与皇家邮政那样，一旦她离开公司大楼，相关责任就被转移给其他人了。

尽管补救型领导者做了很多事情来维护他们令人生畏的名声，但很明显，他们并不总是能一直发挥作用。不过，对于处于危机中的公司来说，变革是一项必不可少的措施。还有一种选择是，它们从一开始就永远都不要陷入危机，这可能被称为永久的补救。

关于这种领导风格，帝亚吉欧（Diageo）是一个很好的例子。2013年，当谦逊的印度人孟轶凡（Ivan Menezes）接替保罗·沃尔什（Paul Walsh）执掌这家产品范围从杜松子酒到吉尼斯黑啤酒（guinness）的饮料公司时，他当时并不清楚该公司是否需要整顿。沃尔什私下里是一名职业猎头，而且在公开场合也是如此，这要归功于他促成的巨额收购，使公司跻身于消费者大联盟。帝亚吉欧的资产负债表良好，终端市场健康，它甚至超越了负责任的饮酒业游说团体对它的期望。

然而，这种转变发生得正是时候，孟轶凡悄悄地改善了公司的经营状况：专注于旗下的高端品牌，包括尊尼获加威士忌（Johnnie Walker whisky）、诗珞珂伏特加（Ciroc vodka）和添加利金酒（Tanqueray gin）；以两亿英镑的价格出售苏格兰豪华酒店格伦伊格尔斯（Gleneagles）；削减管理层，并投入数百万美元用于市场营销。这种永无止境的补救是一种持续不断的运营改进，也是哈里特·格林很容易厌倦的那种无休止的补救方式。

简单地把企业经营得更好应该是每位企业领导者的目标，但如果他们都实现了，补救型领导者就会失业。有许多外部因素、市场行情、运气和判断都意味着这个目标永远无法达成。毕竟，没有哪个 CEO 一开始就把企业经营得很糟糕。补救型领导者擅长的是制定战略、跟踪资金，为员工和供应商设定一个目标，然后尽可能快地采取行动。然而，一个为期三年或三个月的战略必然会引发另一个战略。一家公司不能随波逐流，也不能永远处于危机状态，在它脱离危机之后，需要的是另一种类型的领导者。

chapter
—— 03 ——

第 3 章

销售型领导者

> **优点：**
>
> 洞察力强、善于沟通、头脑清晰，竞争意识强。

> **缺点：**
>
> 被认为在金融和战略等其他方面不够专业。

适合：面向消费者、反应迅速、价格驱动的行业。
你会在哪里找到他们：任何有消费品需要出售或是需要发展关系的地方，所以无论在什么地方你都可以找到他们。

投其所好

1997年，其中有近三个月的时间，在美国中西部俄亥俄州的首府哥伦布市，有一个操着奇怪口音、举止怪异的年轻人辗转于多家诊所。他是一名"医药推销员"，被制药公司派去向诊所的医生推销公司的新药，希望医生在给患者开具的处方中推荐这些药。

在候诊室里，这名推销员通常西装笔挺，戴着一顶礼帽，安静地坐在患者旁边。像他这样的人，会在这里等待着和医生的预约时间或是趁着医生休息的空隙，能抽出几分钟和他交流。在医生空闲时，他们总是能以最快的方式找到医生的兴趣点，和医生套近乎，比如对当地棒球队的表现提出抗议，或是问候医生家人的近况。他们在与医生拉近关系之后才会切入主题，聊聊市场上最新的药物或刚刚发表的有关药效的最新报告。

在医药界，"拎包"仍然是一种荣誉的象征，尽管如今医生能从许多渠道获取药物信息，但是越来越多的人开始怀疑医生和医药销售代表之间存在某种联系。不过，基层销售与医生之间的沟通联系并未随着产品的发展变化被打断。就像20世纪70年代一样，"拎包"很常见，推销员手里时刻拎着包，里面装着与产品相关的东西——药品样品、药物报告、笔、便利贴、马克杯。他们会将印有药物名称标志的纪念品送给医生，希望医生在离开会议之后仍然可以牢牢记住这款药物，并在以后下医嘱时可以优先想到这款药物。

销售员只要达到销售指标，就会得到轿车、公司支付账户或奖金等丰厚奖励。然而，推销的过程也可能是很孤独的，因为推销员需要奔波在各种会议之间，而且随时都有被拒绝的可能，比拒绝更难的是内心的煎熬和痛苦。想想阿瑟·米勒（Arthur Miller）创作的戏剧《推销员之死》（*Death of a Salesman*）中，那个精疲力竭、失败的主人公威利·洛曼（Willy Loman）吧。

本章开篇提到的那位推销员在工作中学会了随机应变，这一技能让他受益终生，这段经历也成了他人生中一段重要的插曲。在接下来的21年里，他不再是一名普普通通的推销员，而是带领着所供职的这家公司，日复一日地带着战略性的目标在医院与医生进行商务谈判。

1998年，出生在摩洛哥的西德尼·陶瑞尔在位于印第安纳波利斯世界闻名的制药巨头礼来公司入职。礼来公司因推出抗抑郁药百忧解（Prozac）而闻名于世，该公司距哥伦布西部有三个小时的车程。陶瑞尔独特的法国口音让他在俄亥俄州众多的销售人员中脱颖而出，使他成为早期医药销售界的一个关键人物。

"只要你足够出色，你就可以成为医生的顾问。"多年以后，陶瑞尔回忆起自己当推销员的那些日子时说道。推销员需要在尊重医生的医学专业知识的基础上，为他们讲解产品功效，因为他们并不像推销员那么了解产品。当陶瑞尔被派去推销药品时，他已经在礼来公司工作了六年。早些年，他还曾在巴西和东欧做过市场营销。

销售和营销这两个学科是相互补充的：一个是尝试通过参与活动和品牌建设与客户展开对话；另一个是在市场情报和产品知识的帮助下，通过完成交易来实现目标。销售和市场营销两个部门应团结在一起，从而达到巧妙地传达信息、增加收入并超越竞争对手的目标。

让这些销售人员团结在一起的一个原因是，这些学科并没有培养出那么多的领导者。在快速变化的行业中，只有信息技术和计算机是例外，因为电子产品的购买流程是复杂的、昂贵的，其他行业则都有很多销售型领导者。这在一定程度上解释了IBM的CEO罗睿兰（Ginni Rometty）、微软的史蒂夫·鲍尔默（Steve Ballmer），以及eBay和惠普的前老板梅格·惠特曼（Meg Whitman）成功的原因。现在看来，在许多行业中，都有许多杰出的销售型领导者。许多高管的职业生涯始于在日用消费品巨头联合利华和宝洁推销肥皂或零食。

销售型领导者作为新型领导者的崛起是一个现代的社会现象。这与许多国家向服务经济转型、制造业衰退，以及推动国有企业市场化相吻合。由于媒体的放大作用，公司面临更大的声誉风险，因此沟通技巧已成为领导者的必备技能。那些善于与客户建立联系并向他们推销产品的销售型领导者，相较其他人，拥有更大的优势。这些领导者仪表堂堂，自信且口齿伶俐。在职业生涯中，他们不仅善于推销产品，还善于宣传自己。

医药人

礼来公司非常重视销售，该公司由礼来（Lilly）上校于1876年创立。礼来上校是一名制药化学家，也是一位参与过美国内战的老兵，他对当时的无效药物感到失望。早期的制药行业先驱们在药物方面取得成效并且大规模生产脊髓灰质炎疫苗和胰岛素，然而，包括礼来公司在内，它们很快意识到，如果不开发好的市场渠道，就无法让开发好的产品得到有效利用。

陶瑞尔说："销售当然是一个必要条件，此外你还必须熟悉产品，并非常客观地呈现优点和缺点，不要试图过度销售。"他在巴黎高等商学院学习，并在纽约哥伦比亚大学获得工商管理硕士学位后，于1971年加入公司，担任营销助理。他说："我还体会到销售是一份乏味的工作。你必须积极主动，自我激励。"

陶瑞尔没有时间与医生及公司的行政人员建立深厚的关系，却和许多销售伙伴建立起了友谊。1977年，他凭借自己的努力成了一名地区经理，负责协调调动一组销售人员。这一切都是为了让他更快地成为公司的领导者做准备。在28岁时，陶瑞尔回到了大西洋彼岸，担任法国一家公司的销售总监，他在那里任职了约10年，手下有一个150人的团队。

如今，博学多才、豁达开朗、皮肤黝黑、轻松自在的陶瑞尔依然在商界具有一席之地。自 2001 年以来，他一直是 IT 巨头 IBM 的董事会成员。自 2016 年以来，他一直担任培生集团主席。

他认为，制药行业是一个高风险、高利润的行业，每个客户都极具价值，这就解释了为什么要花这么多钱与他们产生和维持关系。20 世纪 70 年代，通过意见小组和销售数据分析，制药业在了解消费者需求和销售人员培训方面远远领先于其他许多行业。礼来公司通过从药店收集的信息来了解医生的喜好，进而推测出医生的习惯。这有助于公司挖掘每个地区医疗技术高超的医生——也是问诊最多、开处方最多、影响力最大的医生。

此外，为了了解礼来公司的产品如何能与医生使用的其他资源相匹配，以及它们的优缺点，他们还做了大量的调研工作。在陶瑞尔做销售时，集团的核心产品主要包括抗生素头孢氨苄（Keflex）和心脏药物多巴酚丁胺（Dobutrex）和药物开发一样，销售也是一门直达公司核心的学科。

陶瑞尔补充说："公司的成功有两个关键因素，一是成功且科学地解决了未被满足的医疗需求；二是高超的营销技巧，以确保医生恰当地使用这些产品。"丰厚的利润意味着销售人员不需要时刻关注他们的支出。他说："相对而言，他们不需要在削减成本和提高效率方面花费太多心思，因此这个行业在很长一段时间内都很轻松，但是如今这种现象已经改变了。"

但这回避了这样一个问题：当销售力不足时，销售型领导者必须具备哪些技能？拥有强势品牌的企业应该能够比那些拥有弱势品牌的企业保持更高的利润率，而后者必须降低价格以赢得市场份额。然而，有时销售额并没有不可阻挡地增长，反而竞争也会加剧。要想在领导岗位上成功，销售型领导者需要的不仅仅是光鲜亮丽的销售辞令和娴熟的营销手段，他们还必须扩大业务范围，以确定战略并控制成本。这种多样性的考验中有一项难度最大的挑战：把自己作为一个完整的领导团队，推销给董事长和股东。

领导者的接班人

加文·帕特森在大学期间的创业活动引起了人们的注意。1989年11月，剑桥大学举办招聘会，这位未来的英国电信 CEO 在熙熙攘攘的人群中走着。突然，有人朝他喊："你会打板球吗？"

那天的帕特森穿着优雅，但是他没有悠闲地走到招聘展位，而是停下来和这位问他是否会打球的人事经理聊天。这位人事经理渴望最聪明、最优秀的毕业生能加入公司团队，而帕特森也因此意外获得了一份工作。

巧合的是，那天在宝洁公司的展位上工作的员工是一个名叫菲利普·詹森（Philip Jansen）的年轻人，近30年后的2019年2月，詹森接替帕特森执掌英国电信。他们并不是唯一从帮宝适（Pampers）到品客（Pringles）[①]"领导者生产线"下线的人，在过去的10年里，这家美国食品杂货巨头在英国乃至国际上培养了数量惊人的销售型领导者。宝洁以销售和市场营销为基础对新员工进行培训，这从一方面解释了他们能成为领导人才的原因。

销售型领导者的奋发前进无疑令人印象深刻。从销售洗发水和除臭剂，宝洁出来的"毕业生"们经营的公司销售着豪华汽车、服装、宽带、保险和付费电视，不一而足。然而，他们并没有改变自己的初心，也没有为了获利而改变自己的产品销售方向，他们把自己打造成了炙手可热的 CEO，而不是销售人员或首席营销人员。

出生于那不勒斯的傅懿德（Fabrizio Freda）于2009年被任命为化妆品和香水集团雅诗兰黛的 CEO。他于1982年加入宝洁，并晋升为全球零售部门的总裁；2017年，帕特里斯·卢维（Patrice Louvet）被任命为美国时装品牌拉尔夫·劳伦（Ralph Lauren）的 CEO，他于1989年在法国宝洁营销部门开

[①] 帮宝适和品客都是宝洁公司的产品。——译者注

启了早期的职业生涯；艾莉森·柯克比（Allison Kirkby）曾在宝洁工作了20年，直到2010年才离职。2020年，她成为斯堪的纳维亚电信供应商特利亚（Telia）的CEO，并担任英国电信董事会的非执行董事；柯瑞华（Chris de Lapuente）于2011年加入奢侈品公司酩悦·轩尼诗–路易·威登集团（Louis Vuitton Moët Hennessy，LVMH），担任丝芙兰（Sephora）的CEO，随后负责该集团的许多香水和化妆品品牌，1983年，他进入宝洁公司工作，并于2004年晋升为宝洁最年轻的总裁，负责护发产品业务。

宝洁公司的销售型领导者名单上的名字还在继续增加：2020年，帝国烟草公司（Imperial Brands）把斯特凡·博哈德（Stefan Bomhard）从豪华车经销商英之杰（Inchcape）挖了过来；奇普·伯格（Chip Bergh）[①] 从2011年开始领导牛仔裤品牌李维斯（Levi Strauss）；克里斯·皮林（Chris Pilling）于2012—2016年负责约克郡建房合作社（Yorkshire Building Society）；2018年，约翰·哈迪（John Hardie）执掌英国独立电视新闻社（ITN）近10年；加文·帕特森于2020年7月成为Salesforce这家快速增长的美国云软件公司的总裁兼首席营收官，领导该公司的全球销售部门。

在消费者顶端领域度过成长期对高管们大有裨益。在一线做销售人员可能是一种锻炼与磨砺——换句话说，这可能是一项艰苦的工作。安迪·科斯莱特（Andy Cosslett）因经营洲际酒店集团（Intercontinental Hotels Group）而成名，此前他在吉百利史威士（Cadbury Schweppes）公司工作了14年。他还执掌过Fitness First这家健身连锁店，债务重组后也阻挡不了会员数量下滑。但他回忆起在联合利华工作的经历，仍然充满自豪。

安迪·科斯莱特自2016年起担任橄榄球联盟（Rugby Football Union）主席，自2017年起担任翠丰集团（Kingfisher）旗下百安居（B&Q）家装连锁店的董事长。刚上任时，他在隆冬时节走遍了利物浦的街角商店。作为和路

---

① 奇普·伯格曾在宝洁公司工作近30年。——译者注

雪（Wall's）的销售代表，他明白把产品卖给更需要的人是一种销售技巧。他的工作经历不仅教会了他坚持不懈，还教会了他质疑客户调查的结果。他说："我记得有研究说，没有人会花 50 多便士去买冰激凌，也没有人会想不付出任何努力去得到一样东西。你再看看梦龙（Magnum）冰激凌的成功，这就是营销和销售的力量。"

宝洁公司成立于 1837 年，一直是一家重视产品和促销的公司。由詹姆斯·甘博（James Gamble）发明的象牙肥皂（Ivory）是该公司的首批品牌之一，它的成功在很大程度上归功于哈里·波克特（Harley Procter）以其可以漂浮在水上的独特亮点进行营销。[①] 当人们在浑浊的河里洗澡时，这种肥皂给人们提供了很大的便利。为了增加销售的说服力，象牙肥皂被送到大学化学教授那里进行研究，并被证实它没有有害物质。

100 多年之后的今天，宝洁在培养销售型领导者方面的高成功率很大程度上归根于它对营销的重视程度，以及它最初招聘的人员类型。加文·帕特森在 1989 年的招聘会上被詹森认出之前就一直在关注这家公司，他一直在寻找"我能找到的最好的商业教育"。

帕特森是一名大学生创业者，在大学期间创办了一家名为"剑桥调查"（Cambridge Surveys）的市场研究公司，该公司针对各种问题（主要是与招聘有关的问题）对学生群体进行调查。他的产品让人们可以了解剑桥大学在校生的想法，帕特森甚至联系了民意调查公司盖洛普（Gallup）。"我赚了不少钱，"他回忆起 2019 年的那些日子时说，"我的感想是，我真的很喜欢这份事

[①] 宝洁的创始人威廉·波克特（William Procter）和詹姆斯·甘博是连襟，他们的妻子是亲姐妹。波克特掌握制作蜡烛的技术，甘博则掌握制作肥皂的技术，他们的岳父提议两家合并成立一家公司，即宝洁。1879 年，甘博的儿子詹姆斯·诺里斯·甘博（James Norris Gamble）和一位化剂师共同开发出一款香皂，波克特的儿子哈里·波克特将其命名为象牙香皂。象牙香皂的诞生其实是一个意外：一位工人不小心在制作肥皂的过程中混入了一些空气，从而制造出了可以漂浮在水面上的肥皂（当时人们洗衣服时主要是手洗，因此漂浮的肥皂可以给人们在使用时带来很大的便利性），即世界上第一款浮水皂。詹姆斯·诺里斯·甘博发现了这个产品，宝洁最终买下了这个配方。——译者注

业，但我觉得我需要学习如何更专业地做这件事。"

帕特森并不是宝洁公司唯一一个有盈利经验的人。2020年9月起担任BBC总裁的蒂姆·戴维在宝洁公司销售了沙宣（Vidal Sassoon）洗发水和Insignia身体喷雾。在此之前，他在剑桥与后来成为英国华纳音乐（Warner Music UK）老板的克里斯蒂安·塔特斯菲尔德（Christian Tattersfield）一起经营俱乐部之夜。健康快餐连锁店里昂的联合创始人约翰·文森特在开始为宝洁工作之前，曾与天真果汁（Innocent）的策划人之一理查德·里德（Richard Reed）在同一所大学举办过类似的活动。

20世纪80年代末，具有创业精神的英国公司寥寥无几。作为一家重视营销的公司，宝洁公司在学生群体中投放了大量广告，打出吸引眼球的口号来确保自己脱颖而出，比如，"我们将教你如何在25岁时经营一家企业"。值得注意的是，是否学习营销学并不是其挑选营销人员的决定因素，尽管营销工作是成功候选人所承担的主要工作。宝洁还通过新入职员工宣讲的方式向之后想加入公司的潜在员工展示公司的优点，例如，给他们提供可以回母校宣讲做报告的机会。

在宝洁，他们以招纳多少人加入宝洁为荣。这种策略培养了"宝洁人"[①]之间的友情。"宝洁人"是冠予这支年轻队伍的光荣称号，他们热衷于发掘不同品牌洗涤液的相对优点和最佳销售技巧——这让其他的同龄人大惑不解。

---

① 原文为"Proctoids"。1837年，宝洁成立时将总部设在美国俄亥俄州的辛辛那提，辛辛那提那时有个昵称是"猪都"。因为当时周边的农民都会把牲畜赶到辛辛那提，在那里进行肉类加工，剩下的脂肪和油脂恰好是生产蜡烛和肥皂所需的原料。因此，辛辛那提也是非常适合做蜡烛和肥皂生意的地方——这也是宝洁将总部设在辛辛那提的主要原因。——译者注

学着去营销

那些加入宝洁公司的人能在实际工作中学到很多东西。宝洁公司有一个备受推崇的毕业生计划：每年接收的市场营销候选人不超过 15 名，在销售部门也有类似的计划，这个计划对于原有的固定规则来讲是一种很大的改变。宝洁公司在招聘会上得到广泛关注后，又趁着学生们最后一学年的圣诞节开设了一门假期课程。有意向加入宝洁公司的人可以在签约前学习一些基本知识，且宝洁公司也可以在此期间观察这些人的行动，从中筛选出落后者并淘汰。

每年 9 月的第一天，新入职者会被直接分配到一个品牌部门去工作，同时这个品牌将迅速占据他们的生活。这些品牌通常都有着几十年的历史，但新入职者需要思考这个品牌对于他们来讲意味着什么，以及与产品的长期客户群之间的关系是什么。在帕特森转入护发行业之前，他入职第一年被分配到了欧仕派品牌（Old Spice）。每位新入职者的工作都是随机分配的，18 个月后轮岗。虽然这只是一个小细节，但这种轮岗是被公司高层控制的，这样就可以克服许多组织中持续存在的自然停滞。

帕特森说："要培养真正的人才，你需要在不受部门经理干涉的情况下调动他们。你会觉得他们把你的长期利益放在心上，如果你表现得够好，你的老板就永远不会放你走的。"

宝洁公司的特殊之处在于，它不仅支持从内部提拔，还是一家完全依赖英国本土人才而不是外籍人才的美国公司。对于工作表现出色的人来说，这意味着职位晋升会很快。员工在担任三年的品牌助理后，很可能会晋升为品牌经理。在五年的时间里，二十几岁的年轻人将承担两三项任务，诸如制订营销计划、产品包装和广告促销等。在这期间，他们将产品数据与创造力进行完美结合。他们对超市货架上的商品几乎无所不知，包括每个品牌在同类竞争品牌中的排名等。通过小组焦点访谈和定量市场研究，他们花费了大量的时间思考战略和客户需求,这与公司内部其他运营机制有很多相互联系。由于每个品牌在每个国家都是独立运营的,因此 80% 的决策是由本地公司自主做出,这就会让人感觉像是在一家公司内部管理着一个子公司。

两年后,帕特森已经体会到肩上的责任带给他的压力了。他是 Wash&Go 洗发水的高级品牌经理,这款产品令人难忘的广告宣传语是:"带两瓶进淋浴间?不需要,我只是想洗个头就走。"在帕特森的老板休产假的整整一年里,他在没有管理层的情况下工作,宝洁很乐意让他继续委托这家广告公司,并为其在报纸和电视上的媒体版面费支付 100 万美元。

他说:"从很多方面来看,这都不是传统意义上的营销工作。从你工作一两年开始,你就要学着管理一个品牌的收益能力,而营销被认为是这个品牌的主要需求驱动因素。"在欧洲工作几年后,1994 年,帕特森晋升为潘婷的营销总监。这个品牌在宝洁的产品系列里相对而言还并未被大众所熟知,而且是通过收购获得的。然而,现在它发展的态势非常好,已经成为该公司的第三大品牌。

帕特森的另一位同行保罗·格迪斯(Paul Geddes)说:"宝洁是一个不同寻常的地方,它的员工从入职伊始就被赋予了责任。"格迪斯早年管理过彩妆品牌蜜丝佛陀(Max Factor)和花仙子宝宝洗衣粉公司(Fairy Non Bio),后来经营了英国直线(Direct Line)保险公司。他补充说:"它给了 23 岁的年轻人品牌和工厂,如果这些年轻人有想法,宝洁就会告诉他们,'去做吧'!"格迪斯肯定了这种理念带给个人的影响,他说:"我认为这是我们所有人在自己的企业中都必须考虑的问题。如果你在一个良好的环境中接受了一些高质量的培训,你就能带着从这里得到的锻炼和自信去做出一些成就,这是非常令人惊讶的。"

然而,他在回顾过去后又开始质疑,这是不是最好的商业模式呢?"这就意味着每个市场都有不同的计划和产品,所以这种商业模式的效率就有点低了。现在，这可能不是他们经营业务的主要方式。"

20世纪90年代末，情况确实发生了变化。一家新的英国美容机构的总部于威布里奇（Weybridge）建成，而艾格镇基本上成了一个研发基地。那些在欧洲各地自负盈亏的企业，包括那些在艾格镇和戈斯福斯经营过的公司，逐渐被转移到日内瓦。

这种变化导致宝洁公司的一些优秀经营者陆续离职。当时，帕特森是欧洲护发部的营销总监。"我本来打算去日内瓦，但突然意识到，我可能会永远离开英国，因为按照他们人事变动的方式和公司的职员结构，在我之上的唯一职位是英国总经理。"他认为自己得到那个职位的机会非常渺茫。鉴于他和妻子卡伦即将组建家庭，他不想像西德尼·陶瑞尔在礼来公司时那样，在国际市场上奔波。1999年，在宝洁工作了九年的他选择辞职。那时，几乎所有与他一起在1990年入职的同龄人都已经离开了宝洁。

1998年，宝洁新厂落成投产。宝洁公司开始实施"2005专案"[①]，这项方案旨在推动宝洁加速改革。事实上，它使帕特森那一群人所从事的许多活动都标准化了，这预示着公司将面临创建100多年以来最严重的一次危机。

不过，危机并没有持续多久。2000年6月，雷富礼（AG Lafley）出任CEO，带领宝洁进入一段令人瞩目的快速增长时期。在接下来的五年里，宝洁的销售额增长了40%以上，利润翻了一番，产生了300多亿美元的自由现

---

① 1998年，宝洁内部提出了一种全新的改革方案，即将全球组织结构调整为大产品类别与区域相结合的矩阵结构，这样既能保证宝洁各个品牌产品在全球范围的推广，又能结合全球各地区的本土需求。具体方案为，将产品品类设置成七个拥有从产品研发到销售推广以及会计核算等全面功能的全球事业单位，分别是洗衣用品与家庭用品、美容用品、保健用品与新投资、食品与饮料、婴儿用品、女性护理用品、卫生巾与纸巾。同时，专案的矩阵模型中还设计了北美地区、东南亚地区和印度加澳洲、东北亚、中国、西欧、中东和非洲、中欧和东欧、拉丁美洲等八个市场开发组织，这些组织负责结合各个地区的本土化特征进行产品规划及客户开发等职能。全球事业单位和市场开发组织相互协调，按地域负责业务盈亏。这个方案最终被宝洁所采纳，并命名为"2005专案"，其目的是预期宝洁2005年的销售额比1995年的销售额翻一番。——译者注

金流，为股东带来了700多亿美元的价值，投资者对此表示满意。

但宝洁公司对英国经济最大的贡献或许是在最初的10年，当时它为数十位未来的领导者开创了职业生涯。当雷富礼让公司的销售额飙升时，大多数的超级销售和营销人员已经离开了公司，去寻找适合自己发展的平台了。

英国机场管理局（British Airports Authority）前CEO迈克·克拉斯珀（Mike Clasper）自2020年起担任机场和火车站餐饮公司SSP的董事长，他比帕特森早几年在宝洁公司任职。他回忆道，宝洁是一个虽然竞争激烈但很团结的地方。在那里，为人们津津乐道的广告活动变得非常有价值。这种合作使他们形成了一种紧密的组织结构，他们如今仍然定期见面，交换职业发展理念，互相激励。这家俱乐部式公司的成功，打破了"多元化团队绩效更高"的理论。不过，它确实证明了这样一种观念，即初期责任会让人产生更多欲望，也会拥有走出去以获得更多的信心。

克拉斯珀选择了多年前对象牙香皂行之有效的方法，他补充道："宝洁公司的成功有两个根本的驱动因素——产品的质量和创新，以及知名品牌的创造和利用。因此，'英雄'的作用是营销和研发。在公司中，相较于其他员工，营销者更容易被培养成一般管理人员，但大多数公司不是这样的。"因此，这些营销部门（在某种程度上是销售部门）培养出来的人员，即使没有被调岗，其职能也可能会超过组织预期。

接下来发生的事纯属偶然。当时在场的高管们都对快消品（20世纪90年代的快速消费品行业）有着浓厚的怀旧之情。在互联网相关新闻占据头条之前，这经常成为头条新闻。早期的电子商务很流行，但在网上卖牙膏却没有多好的效果，因此，企业必须更加努力地工作，才能吸引顾客的注意力。

帕特森说："我们很多人之所以会进入电信和媒体行业，是因为预测到这些行业变得更加以消费者为导向。如果你想在伦敦金融城找到消费者至上的公司，就只有两个地方可去——宝洁和联合利华。"

人们在这两家公司学到的营销技巧已被运用于其他行业。自 2007 年起，担任天空电视台 CEO 的杰里米·达罗克（Jeremy Darroch）在市场细分方面进行了一次创新的尝试：在 2012 年推出低成本服务。这与他在宝洁公司所了解的"阶梯"（Ladders）品牌有明显的相似之处。当时他在宝洁工作，负责可丽莹（Clearasil）护肤霜和维克斯达姆膏（Vicks VapoRub）的营销工作。该公司曾擅长用最便宜的入门级产品吸引消费者，比如肥皂粉品牌 Daz Automatic，希望有一天能说服消费者购买更贵的 Ariel 洗衣液。格迪斯在直线公司经营的保险品牌产品也是如此。

市场之外的从业人

尽管有销售和市场背景的 CEO 越来越多，但其中很少有人愿意被人们以这种方式去定义他们。这是他们的一致想法，当他们升到 CEO 时，是不是销售人员出身已经不重要了。这一立场与 BP 前总裁马丁利勋爵约翰·布朗（Lord Browne of Madingley）等老板的想法截然相反——直到 2007 年，布朗一直支持这个观点。在这个亟需人才涌入的行业，他渴望被猎头发掘，成为一名杰出人物。

从古至今，销售这个职业与会计、法律或科学相比被认为是无足轻重的，销售型领导者可能不愿以此职业而出名。也许精心策划营销活动以及开发新的销售渠道是很久以前的事了，他们宁愿把它们抛在脑后。不管怎样，讽刺的是，营销手段和规矩是培养未来领导者的沃土，但在企业高层中却存在影响形象的问题。

2014 年夏天，戴夫·刘易斯遇到了职业生涯的关键时刻。那时，他开始担任英国超市集团乐购的 CEO，此时乐购正经历着一场前所未有的危机。刘易斯原本是联合利华的部门主管，尽管这个部门规模庞大，旗下拥有炫诗

（TRESemmé）和汤尼英盖（Toni & Guy）等护发品牌，但如果把这两个护发品牌剥离出来，该部门仍可凭借自己的力量进入富时100指数成分股，成为领导英国最知名的公司之一。

乐购当时正遭受第二次利润预警的打击，它的股息被削减，账户黑洞被曝光。这个在英国零售业市场上占据了整整一代人的时间并向电信和银行业扩张的集团，宣布"太空竞赛"已经结束。大型零售业不能再持续以开新店的方式来促进销售，它们需要以其他方式来刺激消费。

刘易斯似乎是一位典型的销售型领导者：干净利落，出口成章，表里如一，自信大方，穿着白衬衫和深色牛仔裤。即使是在这个节骨眼上，他也热衷于提升自己的外在形象。与乐购合作的前景令人望而却步，但刘易斯并不畏惧，而是对自己丰富的经验胸有成竹。他说："从巴西的贫民窟到爪哇岛，我最喜欢的事情之一就是与消费者建立联系。"

回顾这些事实也意味着要纠正一些误解。1992年，刘易斯在英国推出了多芬（Dove）香皂，该香皂后来成为联合利华最出名的香皂之一，但多芬"真正的美丽"的宣传活动并不是他创建的而是始于由多伦多的安妮·莱博维茨（Annie Leibovitz）等女摄影师赞助的作品展。据市场调查发现，只有2%的女性认为自己漂亮，联合利华这次推出的多芬的广告，在社会上引领了一场探讨自我厌恶和获得权利之路的对话。这个广告取得了巨大的成功。

刘易斯明确表示，他已经不屑于这样的工作，因此他拒绝了戛纳国际广告节，即使他的部门多年来在该电影节上获得了大量奖项。不过，他仍然感到自豪，因为他创造了一个能让他的团队发挥出色创造力的环境。相比之下，他并不是很介意"内卷"这个标签。当联合利华英国分公司的销售额急剧下滑时，他毫不留情地对该公司进行了重组。从此以后，"内卷"这一标签就出现在了行业媒体上。意料之中的是，为了让乐购恢复元气，他必须表现出雷厉风行的做事风格。在2020年选择离职时，他已经做到了这一点。

对于他来说，这并不是一种最合适的营销方式。然而，他的成功在一定程度上是靠销售拉动的，因为刘易斯给奄奄一息的英国零售业注入了一些活力，这些零售业在竞争对手奥乐齐（Aldi）和利德尔（Lidl）的低价攻势下饱受折磨。他的拯救行动是结构性和战略性的［包括剥离海外资产，收购批发商布克（Booker）］，也是文化性的，他与多年来视乐购为敌的供应商建立了战略伙伴关系。销售型领导者刘易斯已经发展成为一个全面型选手。

2019 年，史蒂薇·斯普林（Stevie Spring）在担任英国文化协会（British Council）主席后不久，就做出了类似的回应。这个由国家支持的组织是英国文化推广的主要工具，它以构建良好国际关系的名义，在世界各地开展从艺术展览到英语培训的一系列活动，拥有来自 100 多个国家的 12 000 名员工。这样看来，让一个有广告背景的人来领导英国的软实力推进工作是多么合适啊！尤其是在英国退欧成为现实的时候。

斯普林开朗豁达的性格令人着迷，她很高兴能得到这个职位，尽管她最初以为猎头公司只是为了多元化才让她进入候选名单。她反对因为一项指标不达标就被淘汰的原则，因为她没有在类似扬·罗比凯（Young & Rubicam）、葛瑞集团（Grey Group）和黄金（Gold）等广告公司工作过，所以差点被淘汰，这其实也是公平的。不过，像其他经验丰富的销售型领导者一样，她可以继续证明，如果她给公司带来了其他价值，就不应该被淘汰，比如组织一个好的宣传活动可以带来一定的影响。她说："了解越多，信任越多，来这里接受教育或做生意的倾向就越高。"

自 2019 年以来一直领导着英国数字教育公司 QA 的前直线保险公司 CEO 保罗·格迪斯，进一步阐述了他从宝洁时代获得更广泛领导地位的秘诀。他说："有些事情做得很好。CEO 的很多工作是沟通；还有一个关键工作是了解市场和客户。归根结底，CEO 就是首席营销人员，他的技能就是权衡所有优先事项，以支持客户关心的事情，这是一种优秀的技能组合。"可见，市场营销是一门重要的学科。销售人员不仅需要在销售的过程中承担所有其他的事情，还要应对批评，仅仅依靠营销并不能让他们担任最高的职位。

2008年，当蒂姆·戴维（Tim David）从营销部门转任BBC大型广播部门负责人时，人们对此提出了一些异议。他把《每日镜报》(Daily Mirror)的红顶报头改成蓝色，并策划了百事可乐的复出，他怎么有资格监管《阿彻家族》(The Archers)① 和"逍遥音乐节"（The Proms）② 这样的文化瑰宝呢？2013年，他担任总裁，领导公司的商业部门——BBC环球公司（BBC Worldwide）。2014年春天，他对质疑做出了回答："如果是一个新领域，人们就总是会问问题。只有一种方法可以解决这个问题，那就是在工作中发挥作用。"2020年，戴维被任命为BBC总干事时，他终于有发挥作用的良机了。

在市场营销中取得成功往往是走出市场部门的通行证，对于销售来说也是如此。玛蒂娜·金（Martina King）是一位经验丰富的高管，自2012年以来，她一直在运营剑桥大学的金融科技初创公司Featurespace，该公司致力于打击信用卡犯罪。她早期的职业生涯是从事销售工作，先是在《观察家报》(The Observer)做过一段时间电话销售，然后在《卫报》(The Guardian)做分类广告。在那里，她和卡罗琳·麦考尔（Carolyn McCall）夫人一起工作，后者之后担任英国独立电视台CEO。金后来去了首都广播电台（Capital Radio），当时这家电台统治着伦敦，音乐节目主持人克里斯·塔伦特（Chris Tarrant）通过他那不容错过的早餐节目，唤醒了半座城市的人。金的工作是说服广告商，让他们相信商业电台值得拥有比目前它在低端市场更好的声誉。她做到了，并于1993年迅速被调入综合管理部门，负责管理伦敦的所有

---

① BBC推出的一部电视剧。——译者注
② 1895年8月10日，伦敦夏季"逍遥音乐节"由伦敦皇家阿尔伯特音乐厅的新任经理罗伯特·纽曼（Robert Newman）和当时刚出道的青年指挥家亨利·伍德（Henry Wood）在女王音乐厅创立。在每年为期八周的音乐节期间，每天都会举办古典管弦乐音乐会或者其他演出。观众可以在音乐厅站着欣赏音乐会，并可以随意走动，就像散步一般。——译者注

电视台。

金说："我建议大家都去做销售，这是一项非常重要的技能，与你所在的行业无关。它会教会你很多关于创业的东西。"

格迪斯也得到了晋升，他的领导任务从2009年开始。他不得不将直线保险公司中的汽车和家庭保险业务从苏格兰皇家银行手中剥离出去，这是欧洲监管机构迫使该行在金融危机后接受纳税人纾困的代价。虽然当时看起来直线公司在股市并不受欢迎，但格迪斯通过更努力地打造保险品牌组合——直线公司、丘吉尔（Churchill）、特权（Privilege）、绿旗（Green Flag）等，证明了批评人士的观点是错误的。在此之前的准备阶段，他一直在努力填补自己简历上的空白。

他说："显然，很多事情是营销人员天生就不知道如何去做的，或是他们不知道事情可能会朝着不同的方向发展。这意味着你不得不故意说，这是人们不会期望营销人员会做的事情，或是营销人员不知道该怎么做，然后你需要努力工作，以说服人们你还可以做其他事情。我可能有好几年的时间都没有专注于市场营销，因为在当时，这并不是公司的主要挑战，我还需要向人们证明，我能做好其他工作。"

抛售

1998年7月，当西德尼·陶瑞尔成为礼来公司CEO时，他还成功地拓宽了自己的技能范围。1981年，当他回到巴西担任总经理时，那时的融资是至关重要的。在集团的农业部门，为配合作物周期向巴西农民提供的九个月信贷被认为是不可持续的。由于当时长期的通货膨胀正困扰着这个国家，而且大量的山寨产品不断涌入市场，因此陶瑞尔不得不重新想办法解决财务问题。

领导者图鉴：藏在故事里的领导智慧

幸好他已经准备好应对作为 CEO 所有可能发生的事情，因为他的前任兰德尔·托比亚斯（Randall Tobias）留下了一大堆烂摊子。在托比亚斯的五年任期内，该公司的股票市值增长了五倍，超过了同行业所有竞争对手。他对公司进行了精减，将其医疗设备子公司吉丹（Guidant Corporation）分拆出来。

因此，陶瑞尔执掌礼来公司的 10 年堪称举步维艰。他接手时，百忧解占集团销售额的 30%，因此他不得不投资研究和开发多样化的产品渠道。然而，随着更便宜的仿制药进入市场，公司不得不加快运营速度。2001 年，百忧解失去了美国的专利保护，不得不削减成本。

扩大销售是非常重要的，公司必须有足够的产品出售，才能保证公司的整体运行。在陶瑞尔的领导下，礼来推动了大量新药上市，并在癌症药物等增长型市场占据了有利位置。考虑到新药获得批准所需的时间正在延长，这绝非易事。陶瑞尔在营销和销售的职位上表现突出，那也是他在行业应对监管和政治压力时成为资深政治家的方式。他成功地论证了价格控制抑制了大型制药公司的产品开发，而这些公司的长期投资理应获得高回报。

2009 年初，也就是陶瑞尔退出礼来公司的那一年，该公司同意支付 14 亿美元与美国司法部达成和解，因为该公司未经批准使用其最畅销的抗精神病药物奥氮平再普乐（Zyprexa）。在他后来的领导生涯中，陶瑞尔的首要任务是在公司里树立一种使命感，这种使命感意味着延长和拯救公司生命，而不仅仅是销售。

加文·帕特森坐在自己的办公室里，办公室里挂着一台巨大的壁挂式电视，还有一个装有二联式利物浦足球俱乐部球衣的相框。通过把英国电信的钱花在顶级足球赛事的转播权上，他希望这家电信供应商能够提供免费宽带的替代方案，而付费电视巨头天空公司正试图通过免费宽带吸引用户，这家公司是由他在宝洁的前同事兼邻居达罗克经营的。

凭借更好的产品和更好的营销，这位销售型领导者在他前任领导失败的地方成功了。他从英国主要电信公司运营商之一 EE（Everything Everywhere）公司手中收购移动设备，解除了数年前英国电信被排挤出移动市场的危机，取得了巨大成功。使境况变得更加艰难的是英国电信宽带子公司 Openreach 介入部门的监管之争，以及意大利的会计丑闻，该丑闻压低了股价，考验了投资者的信心。

帕特森的宝洁背景为他的职业生涯提供了坚实的基础，但仍遭遇了一些挫折。即使当他在 2019 年离开工作了 15 年的英国电信时，《每日邮报》(*Daily Mail*) 仍称帕特森是"肥皂泡沫推销员"，销售和营销是他人生中明智之举的根源。有点讽刺的是，那些要求派一名工程师负责英国电信的批评者却没有看到就在他们眼皮底下的人。菲利普·詹森将帕特森引入宝洁公司的那天，他还正在剑桥攻读工程学学位。

显而易见的是，销售型领导者已经在董事会中赢得了一席之地。销售的规则能让未来的领导者尽早地出现在消费者面前。如果做得好，市场营销就应该让他们的产品被消费者熟知。这两种技能是无价的，尤其是对于那些正在努力了解消费者需求的食品零售公司而言。可以说，这使得那些能够接触到受社交媒体影响的购物者，以及寻找小批量、有机、低脂的本地农产品的企业营销人员和销售人员比以前更聪明。而且，在拓宽了技能基础后，如果他们在执掌制药、电信和奢侈品公司时也能做到这一点，那就更好了。

chapter
04

第 4 章

创业型领导者

优点：

信念坚定、目光远大、充满激情、永不言弃、不拘一格。

缺点：

缺乏自我意识、情绪化、无法自拔。

适用： 成立公司。
你会在哪里找到他们： 他们自己创立的公司，他们不受任何人雇用。

品牌创始人

对于经常乘坐飞机的人来说，对伦敦希思罗机场（London Heathrow）里维珍大西洋航空公司（Virgin Atlantic）休息室里的嘈杂声都不会感到陌生。高管们在登上飞往纽约或波士顿的航班前，要么蹲下身子忙着打电话，要么全神贯注地盯着笔记本电脑的屏幕。与此同时，还有些人会去享用自助餐，在薄如蝉翼的烟熏鲑鱼、浆果和种类繁多的甜蜜糕点中来回挑选，在上午10点左右品上一杯香槟，要是想清醒一下头脑，就简单地喝杯茶，还有清肠养胃的功效。

在希思罗机场3号航站楼发生了这样的一幕：随着一名男子的出现，现场随即响起欢呼声，旅客们尖叫着，朝入口的方向张望。作为世界上最著名的商业领袖之一，理查德·布兰森爵士留着铂金色的头发，满脸胡须，笑容灿烂，还有一双明亮的蓝眼睛。他迈着优雅的步伐，昂首阔步地走来，人们一眼就能在人群中认出他。

一群空乘人员和休息室的工作人员都聚集在此，与他握手、亲吻，仿佛他是他们的一位刚从国外乘飞机回来的亲戚。布兰森热切地回应了他们的问候：闪亮夺目的白牙、轻轻地拍手、拥抱和挥手。当时64岁的他不停地与众人互动，随后被领到了一个席位上，在那天的正式演出前闲聊了几句。

创业型领导者们有一些特别之处：他们通常都很有钱，有的还会小有名气；一般没有人能告诉他们该做些什么；他们会受到财富迷和媒体的追捧，还会受到政府的盛情款待，因为政府渴望更多的初创企业和当地企业能落地经营，更欢迎任何能够为他们的选民创造就业机会的人。

与创业型领导者身上散发出的令人着迷的自信、创新精神和冒险精神相比，大多数商业领袖在他们面前显得苍白无力。其他人则是被雇用的帮手，一旦机构的投资者或董事会认为他们把公司推向了战略的死胡同，双方的信任就会土崩瓦解，合同就会随时被撕毁。创业型领导者拥有随心所欲的权力，他们轻松闲适的态度掩盖了多年来的辛勤劳作，那些成功的创始人也因此分散了人们对成千上万的失败者的注意力。

那些赢家从一开始就注定是赢家。他们用成就创造自己的帝国，而这些成果的创作，最初是写在一张皱巴巴的纸上或是在餐桌上构思出来的想法。多年来，它们被赋予了生命，这要感谢很多人，因为他们相信自己深爱的事业终会获得成功。这种信念感带领着他们度过漫漫长夜和自我怀疑的时刻，也让他们有决心拒绝慷慨的收购提议，因为他们知道自己的目标不仅仅是银行卡上的金额。

问题是，创业型领导者也有他们的局限性——他们毕竟是感性动物，要想成为伟大的领导者，他们就必须学会忍受，从虚张声势的企业家转变为适应沉闷生活的人。最优秀的创业型领导者明白，他们不是不可或缺的，为了企业的最大利益，现在显然是时候把控制权交给别人了。最糟糕的情况就是，由于身边没有人对他们说"不"，因此可想而知的是，权力会一直掌握在掌权者手上。

布兰森不是一个墨守成规的人，早在时尚的穿着打扮成为硅谷潮流之前，他就已经穿着牛仔裤参加会议了。在此之前，作为一名颠覆者，他利用互联网颠覆了发展迟滞缓慢的体制。

如果近距离观察他就会发现，在某种程度上，他就是你心目中的领导者形象。因为他早已被人熟知，就像那种已经在公众意识中存在了几十年的国家元首或体育偶像。不过，拥有超强职业社交能力的他，必须时时刻刻活跃在自己的品牌里，这些品牌涉及航空公司、手机、银行、酒店和邮轮公司。除了超强职业社交能力外，他也会害羞和矜持。在2015年的夏天，他的这趟旅行——维珍大西洋航空公司首次飞往底特律，是人们观察这位亿万富翁两面性的理想机会。

从本质上来说，首航是空中的一场派对，它其实是航空公司策划的一种营销活动，目的是在新航线两端制造一些宣传噱头。你可以想象得到，一贯强调以乐趣来吸引注意力的维珍公司会在这方面做得很好。多年来，布兰森总是引领着公众的视线：在迪拜的飞机上，他会打扮成阿拉伯的劳伦斯[①]；在坎昆的飞机上，他又会打扮成墨西哥高乔人（Gaucho）；在底特律，一个摩城[②]歌手团突然出现在1万米高空的飞机过道上表演，理查德爵士在空中换装，把夹克和整洁的白衬衫换成了一件黑色T恤，上面写着"底特律加油"。

那是疯狂的三天三夜。布兰森坐在公务舱座椅上，手里捧着一杯茶，接受了飞机上所有记者的采访。维珍航空通过外交手段将这些记者安排在了飞机前部的高级座位，并源源不断地为他们提供美酒佳肴。他在鸡尾酒会上结识了年轻的企业家，这些人便由此可以向他推销自己的商业理念。这三天，他讲了很多自己的经历，从希思罗机场扩建的冗长计划，到努力让自己的维珍银河公司（Virgin Galactic）重回正轨，再到他如何适应当上祖父后的生活等。当他从洗手间出来的时候，他甚至很乐意再回答一两个问题，尽管这时的他已经筋疲力尽，没有力气微笑了。

着陆后，布兰森参加了底特律市长的新闻发布会，并试图说服该市为无家可归的叙利亚人提供住房。会议结束后，他回答了很多大学生的提问。然后，他骑自行车游览了这座仍在努力从美国汽车工业衰退中恢复过来的城市。接下来，他又去参加了另一场派对，还去了底特律老虎棒球场投球。时间宝贵，底特律这座城市可能已经习惯于喧闹，但此时此刻，当布兰森处身这座城市中时，谁身边的呼声最高是显而易见的。

一直以来，布兰森的特技表演能为他赢得声誉，他也因此粉饰了外向的性格，尽管特技表演对他而言并不总是轻而易举的。还有一次，2006年，在

[①] 出自由大卫·里恩执导，彼德·奥图、亚利克·基尼斯等主演的同名冒险片。——译者注
[②] 摩城（Motown），美国汽车城底特律的别称。——译者注

领导者图鉴：藏在故事里的领导智慧

巴黎举行的维珍移动（Virgin Mobile）法国分公司的新手机发布会中，布兰森穿着一身黑衣，像电影中老练的飞贼般从香榭丽舍大街的维珍零售商店（Virgin Megastore）的侧边滑下来。次日，在一次临时赶回伦敦的行程中，他终于有时间在"欧洲之星"（Eurostar）[①]上和大家讨论。不过，这次也不知他是紧张还是有些不耐烦，当人们向他提出一个又一个问题时，他不停地从报纸上撕下碎片，而这张报纸的头版上还印着他的照片。

这位创业型领导者的秘诀就是把事情简单化。在这方面，很少有人能与他匹敌。排队登上"欧洲之星"列车时，布兰森没有带任何手提包，只是拿着一本护照——那是一张折了角的厚厚的护照，上面有他周游世界的旧票根。他的格言也是如此——无论在什么地方，都不要带着包袱。当火车在法国乡村呼啸而过时，他讲了很多，从绿色燃料到是否要在英国竞拍下一个国家彩票许可证。每当某个观点涉及他知识薄弱之处，或是这个问题很棘手的时候，他都会听取某位助理人员的意见。这可能是他自己的招数，或是他已经成为自己几十年前创造品牌的象征，只是忽略了一些细节。

谦虚和希望

有关杰出创业型领导者的故事往往会描述他们白手起家的过程，这也是读者喜闻乐见的内容。而且，读者更感兴趣的是，这些创业型领导者本不想被曝光的一夜成名的故事。有时候，创业型领导者们会羞于谈论这一切是如何开始的，因为他们的目标永远是期待下一个挑战或机遇。当然，这也是很久以前的事了，现在的他们已经和以往判若两人了。

故事的开头往往是引人入胜的，比如，那灵光一闪的时刻、失去父母的

[①] 欧洲之星，是一条连接英国与法国巴黎和比利时的高速铁路服务。——译者注

时刻、一个多余的包袱，或者仅仅是偶然的时刻。故事的开头往往解释了他们在被认为成功之后是如何坚持下去的。一旦饥饿变成了贪婪，从而可能会导致腐败，然而创业型领导者超越了自己。有些创业型领导者说他们继续前进的动力源于对贫穷的恐惧，所以成为领导者从来都不是他们的首要任务。

任正非和理查德·布兰森有着天壤之别。任正非本是中国人民解放军的一名工程师[①]，因国家整建制撤销基建工程兵，1987年，他选择了转业，用21 000人民币[②]创立了中国信息与通信基础设施和智能终端提供商华为。多年来，他都没有成为促销产品的主角，也一直没有进入到大众的视野。华为让记者们参观其位于中国南方深圳的庞大园区，这些行程的亮点还在于，记者们可以参观该公司的科研实验室（被戏称为"白宫"），这或许是华为最想打入市场的象征。

华为取得了巨大的成功，建立了推动数据革命的电信网络，同时也成为移动设备领域的一股重要力量，与苹果和三星争夺市场份额。

任正非在非常贫困的环境中长大，这种出身的他没有条件游历全国各地。2014年，他坐在威斯敏斯特一个不起眼的房间里，里面挤满了阿谀奉承之人，他对翻译讲道："除了做作业，我没有机会培养自己的爱好。我甚至不知道如何喝酒和抽烟。"总的来说，就是想表达他的个人生活并没有那么丰富多彩，也没有什么看点。就像瑞典家具连锁店宜家（Ikea）创始人英格瓦·坎普拉德一样，尽管身家500亿美元，他却穿着二手衣服，开着一辆破旧的沃尔沃。

2014年，华为颠覆了一个产业，这是中国企业实力的缩影，并会继续

[①] 根据华为官网关于任正非的介绍，1974年为建设从法国引进的辽阳化纤总厂，任正非应征入伍加入承担这项工程建设任务的基建工程兵，历任技术员、工程师、副所长（技术副团级），无军衔。——译者注

[②] 1987年，任正非集资21 000元人民币创立华为公司。——译者注

向前发展。任正非在当时预测，到 2018 年该集团的销售额将翻一番，达到 800 亿美元。这听起来有点异想天开，但最终华为在 2018 年的销售额超过了 1000 亿美元。他还指出了一个关于华为"白宫"的小细节："它是黄色的，不是白色的。"

| 下一个挑战 |

创业型领导者不是白手起家的故事同样令人印象深刻，它揭示了"除了积累巨额财富外，强大的个人动力也同样重要"的道理。这些创业型领导者都是对已取得的成就容易感到厌倦、不满足于现状的冒险家，他们都会把一些东西押在未来发展道路上，尽管最终可能会满盘皆输。

兰斯·乌格拉本是一名成功的信贷交易员。2003 年，他决定离开加拿大多伦多道明银行（Toronto-Dominion Bank）自己创业。虽然他有一定的身家，但当时似乎不是他单干的最佳时机。能源交易商安然（Enron）公司在 2001 年破产，互联网经济泡沫破裂。"当时我 39 岁，心想，接下来该怎么办？"2014 年夏天，他在繁华的伦敦金融城（City of London）餐厅吃早餐时说道："那个时候，你真的认为新事物的风险和回报都是值得的。"

尽管乌格拉面临着无法仅靠自己的力量去任何地方的挑战，但是这位出生在加拿大的领导者发现了市场上的一个漏洞。在过去的 20 年里，许多新奇的金融衍生品都难以估价，每家投资银行都尽最大努力独立地跟踪价格变动趋势。对此，乌格拉坚持不懈地说服了十几家机构向他提供数据。他将总部设在英国伦敦北部圣奥尔本斯的一个谷仓里，将收集到的信息删掉署名后再卖给这些机构。

考虑到这些银行对信息的保密程度非常高，因此说服它们与竞争对手共享信息并非易事。乌格拉的前雇主多伦多道明银行是第一个同意的，但前提是其他公司也同意加入。作为交换，他们收购了乌格拉创立的马基特经济研究公司（Markit）的股权，后来经过合并，成立了埃信华迈。2014 年，马基特经济研究公司在纳斯达克上市时，这些机构仍持有其三分之一的股份。作为其中一名创始人，乌格拉一直牢牢控制着自己的业务，并获得了丰厚的利润。2020 年初，他变现了价值 1.02 亿美元的股票后，他在该业务中仍直接持有价值 1.88 亿美元的股份。

创业型领导者在创业早期付出了很多努力，但这个过程其实是属于高淘汰率的阶段。当创业型领导者意识到他们并不想为其他人工作时，他们通常是在一个错误的契机下彻底改变，开始自己的创业道路。1976 年，劳埃德·多夫曼（Lloyd Dorfman）爵士在伦敦市中心布卢姆斯伯里创办了通济隆外币兑换公司（Travelex），开始在世界各地进行贸易。在此之前，他曾做过一段时间的投资银行家。

有时，创业型领导者们想要创业，是基于他们想要纠正错误或是撼动市场的强烈野心；有时，则是为了试错。早在葛涵思（Guy Hands）在高盛集团成为负有盛名的投资人之前，他曾挨家挨户地推销百科全书和艺术品。后来，他还通过贷款收购了酒吧、火车和博彩公司，以金融家的身份发家致富。

若将许多成功的创业型领导者进行类比，你就会发现他们拥有一个共同的特征——关注细节。《每日快报》（*Daily Express*）和《每日星报》（*Daily Star*）前报业大亨理查德·德斯蒙德经常被拍到在他那位于泰晤士河畔的顶层办公室里抽雪茄。德斯蒙德的媒体帝国始于 1974 年，当时他与合伙人共同创立了《国际音乐家和唱片世界》（*International Musician and Recording World*）杂志。但在 1993 年，他的 *OK!* 杂志一经推出，就与《你好》（*Hello*）杂志形成了直接竞争关系。由于零售商没有将他的杂志放在他们的货架上，德斯蒙德开车到超市和报刊亭，用随身带的剪刀剪开还未拆包的杂志。他说："我们认为，比起布拉迪斯拉发①的斯诺比茨公主（Princess Schnorbitz），人们对帕特西·帕尔默（Patsy Palmer）[英国肥皂剧《东区人》（*EastEnders*）中比安卡的饰演者]会更感兴趣。"

无眠的夜晚

创业型领导者在某些方面与首领型领导者有着相似之处。权力与他们紧密相连，专长也与个性完美结合。更进一步说，创业型领导者的员工通常是自己的家人，有问题会带回家解决。然而，这样的状态并不总是合理的，债务几乎压垮了萨伦德·阿罗拉（Surinder Arora）的酒店业务，这让他承受了比白手起家更大的压力。

尽管阿罗拉不是一个家喻户晓的名字，他的故事却引人入胜。1972年，13岁连一句英语也不会说的阿罗拉从印度飞抵英国伦敦希思罗机场后，就被他认为是姑姑的亲人接走了。他曾在英国航空公司（British Airways）做过客户服务、行李搬运，还做过财务顾问，后来又去投资了房地产。

一开始，阿罗拉拥有的只是希思罗机场对面的一排破烂不堪的房子，善良的他还把这些房子免费提供给空勤人员过夜。1999年，他开了人生中的第一家酒店——阿罗拉酒店。如今，他已拥有15家连锁酒店，其中包括万丽希思罗酒店（Heathrow's Renaissance Hotel），他还在这家酒店当过服务员。在他环游欧洲大陆期间，万丽希思罗酒店在泰晤士河畔的O2体育馆旁边开业，员工对他表现出了极大的爱戴。阿罗拉知道他们所有人的名字，许多人在其他地方为他工作过。

员工们坚定地支持阿罗拉：为了满足隔壁观看音乐会观众的需要，说服

---

① 斯洛伐克共和国的首都和经济、文化中心。——译者注

他们在此过夜，这样就可以让他们的伦敦之旅更圆满。他还想将市场拓展到伦敦西部地区。阿罗拉希望能从公园巷吸引游客到距离伦敦东南部格林尼治（Greenwich）不远的地方举办庆祝活动和颁奖晚宴。你不会赌他输，因为他抓住了英国工业联合会（Confederation of British Industry）年会的机会，这是每年 11 月为商界领袖和高级政界人士举办的特别聚会。这告诉我们，当一位典型的企业领导者经常被惯例束缚时，而创业型领导者将谨慎抛在一边，他们相信有些事情都是可以做到的，并能为之付出快速行动。

当阿罗拉还是一家伦敦小酒店的经营者时，世界上最大的酒店集团——洲际酒店（Inter Continental）、雅高酒店（Accor）、万豪酒店（Marriott）和希尔顿酒店（Hilton），就已经授予了他特许经营权。他将代表他们为来往于伦敦主要机场的旅客提供服务。

要想取得这样的成功，需要强大的魅力和顽强的毅力，但这种毅力的形成是需要改变最初的意愿的。阿罗拉一直以阿拉罗品牌（Arora）打造自己的酒店帝国，且收益可观。不过，直到 2005 年，希思罗机场负责人告诉他，这不足以让他进入经营 5 号航站楼（T5）新酒店的入围名单，于是他四处寻找可以借用的五星级酒店品牌。

很久以前，酒店业就从一个房地产行业转型为一个关注品牌的行业，这些大型运营商出售了自己的不动产，转而采用轻资产模式，并在这个过程中将大量现金返还给股东。不过，这反而意味着它们对品牌的控制更加严格，因为这是它们仅有的底牌。

酒店主要经营者都很了解阿罗拉这个人，他可以在五号航站楼为他们建造一处房产，他甚至可以拥有所有权，但管理权并不在自己手里。阿罗拉泰然自若，将注意力集中在雅高集团上。英国总经理迈克尔·弗拉克斯曼（Michael Flaxman）起初对该计划并不是很信服，但在他受邀前往参观该集团的巴黎总部后，便开始对这一计划给予关注和支持。也许雅高集团的 CEO

吉尔·彭立信（Gilles Pélisson）为阿罗拉身上所体现的创业精神而感到欣慰，这甚至可能让他想起了自己的叔叔杰拉德——他的叔叔在1967年创立了雅高集团。

在整整10周的时间里，阿罗拉的酒店到访了许多神秘客人，他们从各个角度评价这次参观体验。经过这个艰难的过程，这位企业家获得了巴黎董事会的批准。直到那时，他才不得不向希思罗机场进军，与其他各大酒店集团展开竞争。在他被告知没有机会经营新的T5酒店的三年后，终于在2008年，拥有605间客房的索菲亚酒店（Sofitel）正式开业。

六年后，阿罗拉面临债务危机，他熬过了几个不眠之夜。他说："我记得有一天晚上我泪流满面地躺在床上，想着我对妻子和孩子们做了什么。"最后，美国投资经理戴维森·肯普纳（Davidson Kempner）在偿还了阿罗拉公司的部分债务后，掌管了阿罗拉的两家酒店。不过，阿罗拉并没有因此受到影响，而是发誓要从中吸取教训。在全球经济持续下滑的情况下，他的财政状况依然持保守态势，以免出现像新冠疫情席卷全球时那样的经济暴跌现象。

最近一次统计阿罗拉的净资产为13亿美元，但他并没有停止继续追求梦想。他在西部枢纽计划中提出，降低希思罗机场第三跑道项目的成本，但这个项目多年以来一直陷入政治、环境和经济纠纷的泥潭中。2020年2月，他甚至辞去了CEO一职，继续担任董事长，以便有更多的时间专注于该计划。

如果一位创始人一直夜以继日地忙于事业，那么当事业腾飞时，他们会欢欣鼓舞；当事业低迷时，他们也会痛苦不堪。显然，克里斯·安德森已经有足够的时间思考自己公司的兴衰了。如今，他最为人所知的是作为TED近期快速发展的幕后推手。TED是一个汇集了新兴技术、新兴娱乐和新兴设计理念的年度会议，如雨后春笋般发展成了一个多媒体帝国。

他曾在英国南威尔士从事报纸新闻工作，之后又在塞舌尔担任广播节目制作人，最后创办《未来》（*Future*）杂志，该杂志从 1985 年起在计算机革命的浪潮中乘风而上。安德森的故事具有一些典型的白手起家的创业者的特征，比如，他有一笔风险很高的 1.5 万英镑贷款；又如，他把家里的客厅当作办公室。尽管这家公司的业务增长迅速，但几乎也以同样的速度急剧下滑。2001 年的互联网泡沫使安德森的股票市值从 12 亿英镑的峰值跌了下来，那些之前称赞安德森的投资者开始认为这个问题与他有关。

回想起 2017 年那些黑暗的日子，安德森说："我震惊了。仅仅一年，我就从一个商业摇滚明星变成了一个彻头彻尾的失败者，这真的让我很绝望。"在这种情况下，值得我们学习的是，这位受到市场打击的创始人并没有因此泄气，而是利用市场来帮助自己东山再起。安德森辞去了《未来》出版社的工作，带走了一个小部门 TED，他形容它是"一个极具吸引力的落脚点"。这笔资产被转移到他的非营利基金会中，仿佛重新关注这么小的事情能起到什么挽救效果似的。其中传达的信息很明确：从每小时 0 英里[①]加速到 90 英里都是可控的，但是对于任何领导者而言，在没有什么分散注意力的情况下，同样的逆转之旅则太艰难了。

事实证明，对于安德森来说，与其说是 TED 分散了他的注意力，倒不如说这是他的第二次回归。所以说闪电通常不会以同样的程度击中目标两次，但只要创业者们还有动力，他们就有足够的能力再次创业。

多亏了 YouTube，TED 已经成为一种现象级的存在。2012 年秋天，TED 演讲的视频浏览量达到了 10 亿次，著名学者、政治家和企业家在这不到 18 分钟的时间里，在同一个舞台上表达了他们伟大的想法，这些视频分别以 100 多种语言录制下来，持续以每秒 17 次的速度刷新页面。

---

① 1 英里 =1.609 千米。——译者注

美国梦

对任何一位创业型领导者来说,创业都堪称其最大的挑战,但值得关注的是他们如何迎接或是逃避自己面临的挑战。在美国,他们不会被刻板印象束缚,而是会将事情做得更好。在商业活动聚集的地方,人们自信心爆棚,但也能控制自己的情绪。在硅谷的创始人那里,资金和创意都很丰富,领导力的范围很强大,就算失败也没什么大不了的——只要它不是持续得太久。

2008年,世界上发生了很多事情,足以分散人们对美国技术进口的注意力。一个月前,英国政府对包括苏格兰皇家银行在内的几家银行进行了纾困,紧接着美国投资银行雷曼兄弟公司(Lehman Brothers)在9月宣告破产。不过,面向专业人士的社交网站领英(LinkedIn)的创始人兼董事长雷德·霍夫曼(Reid Hoffman)则否认当下是逃离一线业务的时候,他认为,危机出现时,正是创业者们要开始行动时。

领英成立于2003年,这事其实本来可以推迟行动,但霍夫曼迫不及待地想重新开始。在卖掉他早期的数字支付公司贝宝(PayPal)后,他承诺自己会休息一年。然而,当时互联网泡沫破灭,他却从中发现了一个难能可贵的机会。于是,三个月后,他卷土重来,同行的还有许多来自贝宝的同事,以及他创立的第一家公司(早期社交网站Socialnet.com)的同事。

霍夫曼在总结一位创始人如何将大胆的想法和渴望变成现实时说道:"我想创造一些只有在互联网上才可能实现的东西,它会达到巨大的规模,不仅能改变人们的生活,还能成为一项有效的业务。我想,现在是时候了。"

果不其然,当雷曼兄弟破产、数千名金融工作者失业时,领英的注册用户数量大幅度增加。当其他互联网同行亏损时,领英已经开始盈利。三年后,该公司上市。五年后,微软以其上市价(260亿美元)的四倍收购了它。

敢于冒险的创业者只有在极少数情况下才能获得如此丰厚的回报。

阿里安娜·赫芬顿（Arianna Huffington）也接受了向前看的现实。2016年，她开办的公司就是为了确保晚上能睡个安稳觉，这是许多创业型领导者在初创公司的数周内都无法做到的一点，因为他们会担心公司出现问题。

出生于希腊的赫芬顿并不缺乏自信，尽管她坦率地承认她的口音仍然很重，足以给亚马逊公司的 Alexa[①] 带来麻烦。不过，她已经写了 15 本书，并能轻而易举地将自己的想法写进书里，这样也能给她的新公司繁荣全球（Thrive Global）做宣传。她扮演了一个自己不太有把握的角色——店主。在位于曼哈顿市中心的商店里，她忙碌地整理着摆满地毯、枕头和一个价值一万美元的振动睡眠舱的货架。

拿着鼓鼓囊囊通讯录的社交名媛不太可能被认为是创业型领导者。她于 2005 年创办的新闻博客网站"赫芬顿邮报"（Huffington Post）起初被嘲笑为一个虚荣的项目，但六年后，她以 3.15 亿美元的价格将其出售给美国在线（AOL）时，猎头们就开始正视它了。创始人通常会因为放弃其毕生的工作而获得丰厚的报酬，而且往往会有一些激励因素能让他继续留任三年，以确保收购计划的顺利完成。不再是老板，就很少能发现在做出出售决定后很难退出公司。如果建立了自己的企业，就不太会虚心听从别人的指挥。

对赫芬顿来说，在交易达成五年后离开是很容易的事。她说："我将永远喜欢'赫芬顿邮报'，但我对于离开没有什么复杂的感觉。如果我留下来，那么我当然可以循序渐进地做出改变，因为我有一个伟大的团队，在这里，我可以创造一些真正能改变世界各地人们生活的东西。"

她的观点与霍夫曼有许多相似之处。金钱并不重要——这通常是百万富翁的必经之路，挑战带来的刺激才是最重要的。曾经尝试过创业的创业型领

---

① 网站排名查询工具。——译者注

导者通常会以类似的模式再次创业。繁荣全球是一家旨在帮助企业和个人提高幸福感的创业公司，它把许多志同道合的员工和投资者聚集在"赫芬顿邮报"诞生的那间办公室里。

| 放手 |

1981年，七名工作者离开印度浦那的帕特尼计算机系统公司（Patni Computer Systems），在一间每月只需250美元房租的小公寓里创建了新公司——印孚瑟斯（Infosys），成为新IT革命的先驱。美欧合作的蓝筹公司为了降低业务成本，首次将软件和系统工作外包给这些成本更低的印度专家。

当印孚瑟斯被快速发展的国内竞争对手以及IBM、埃森哲（Accenture）等海外业务挤压时，这七位创始人不想看到公司经营的起起伏伏，直到2014年公司才任命合伙人以外的人来领导公司。

一年前，创始人之一克里斯·戈帕拉克里什南（Kris Gopalakrishnan）在接受采访时承认，他不愿意从外部找寻合伙人。他说道："如果我们内部有足够多的领导者，我们的工作就应该是培养这些领导者，并希望他们能从内部选择合适人选。"

2014年的任命工作进展得并不顺利，受雇于全球第三大独立软件供应商思爱普（SAP）的史维学（Vishal Sikka）只担任执行董事会成员三年便辞职了，理由是他受到了"人身攻击"。他在2017年8月发给董事会的辞职邮件中写到，尽管独家调查一再证明这些指控是虚假的、毫无根据的，但攻击仍在继续，而且更糟糕的是，在这个事件中，这些证据都从他们那里得到了证实。

另一位创始人纳拉亚纳·穆尔蒂（Narayana Murthy）没有公开批评史维

学，但他写信给董事会，请求说："我们只是不希望董事会在我们有生之年因为严重的治理赤字而将这家公司推向灭亡。"印孚瑟斯董事会反驳说，穆尔蒂的竞选活动"产生了不利的影响，破坏了公司转型的努力"，并认为他对史维学的退出负有很大的责任。现如今，管理层一团乱麻，如果公司早一点与创始人明确相互关系，这个过程可能就不会那么麻烦了。

在执掌埃信华迈 17 年后，兰斯·乌格拉成了一个难得一遇的人才。在 2008 年《哈佛商业评论》（Harard Business Review）的一篇文章中，诺姆·沃瑟曼（Noam Wasserman）教授研究了 212 家自 20 世纪 90 年代末至 21 世纪初的美国初创企业。他发现，当企业成立满三周年时，50% 的创始人不再担任 CEO。到第四年，这一比例会下降到 40%，而且只有不到 25% 的公司进行首次公开募股。

1989 年，彼得·克鲁达斯（Peter Cruddas）用一万美元创立了英国金融城的盈丰财资市场（CMC Markets），但他很难让其他人替他管理公司。几年来，他一直担任董事长，把日常控制权交给 CEO。不过，他有时还会感到左右为难，因为即使是他对于某项决策持不同意见，也要无条件地支持 CEO。因此，克鲁达斯在 2013 年辞去保守党联合财务主管一职后，重掌 CMC 大权，并承诺自己将执掌 CMC 长达 10 年。他于 2014 年说："现在担任 CEO 后压力没那么大了，因为我可以改变一些事情。"

任职高位且专横的克鲁达斯认为，没有哪位创始型领导者能拥有一个"关闭开关"——即使他躺在日光躺椅上晒太阳，他也要随身携带手机。而且一旦掌管自己的公司，就不要妄想自己能拥有长达两周的独处生活。

在他复职后不久，出现了一个新挑战。2016 年，克鲁达斯让公司成功在伦敦证券交易所上市，为他的许多忠诚员工带来了巨额财富。不过，公司治理规则意味着他不再无所不能——CMC 必须任命一位新董事长来管理董事会，尽管他已经执掌这么多年，但毕竟实施这些人为制衡是进入公共市场的代价。投资者不介意独裁者——硅谷涌现出了很多这样的人，我们曾在首领型领导者那一章中讨论过了。然而，外部股东要求他们留在公司内部，并且要确保公司业绩保持向好态势，大多数创业型领导者可以直接在财富和绝对权力之间做出选择。

1999 年，祖·玛珑（Jo Malone）认为她尽自己所能将自己的同名香水系列出售给美容帝国——雅诗兰黛。她牺牲的是对香水名字的冠名权，在多年之后，当她再次进入该市场时，主打的品牌名字便是祖氏挚爱（Jo Loves）。

| 坚固的根基 |

让我们再回到理查德·布兰森爵士的故事中来，这一切是如何开始的已经成了民间传说，不仅是因为这位维珍公司的创始者写了七部记录他生活的著作，还有在那个时代的传奇创业经历。他出生在萨里郡的富裕家庭，在上预科学校的时候就发现了自己有赚钱的头脑。他的第一个计划就是饲养和出售虎皮鹦鹉，但以失败告终。之后布兰森放弃了自己的学业，转而专注于他创办的杂志——《学生》(Student)。他耳边萦绕着校长的预言：他要么进监狱，要么成为百万富翁。这家杂志先与邮购业务合作，后来又与唱片店达成伙伴关系。它被命名为"维珍"，因为他的团队在商业上宛如处女[①]，从未有过从商经历。

布兰森热衷于挑战常规，他努力颠覆传统体制——就像他曾经为了开玩笑而把空姐掀到空中一样，这在音乐行业、航空和火车行业广为流传。他身边围绕着一些干练的精英，那些长期为他服务的副手们负责计算收入、敲定交易，而他则四处奔走，做做宣传，刺激消费者，调整竞争的方向。

---

① 维珍集团的英文"Virgin Group"使用了"处女"一词的英文"virgin"。——译者注

50年来，他珍存了一剂神奇的灵丹妙药，这让他有勇气能从零开始，在12个不同的领域创建了价值180亿美元的公司和组织。维珍是世界上最富有竞争力的品牌之一，在许多地区和行业都有业务：在美国和澳大利亚，有短途航空公司；在英国，这个品牌于2006年被NTL和Telewest[①]接管，这两家有线电视公司是鲁伯特·默多克（Rupert Murdoch）旗下付费电视平台英国天空广播公司的竞争者。合并后的有线电视公司收购了维珍移动公司（Vigin Mobile），其目的非常明确——要在维珍的旗帜下运营整个业务。

12年后的2018年，英国中型科技公司银行CYBG（Clydesdale And Yorkshire Banks）也做了同样的事情。它花了17亿美元收购维珍金融，这是一家建立在倒闭的北岩银行资产基础上的企业。老板们相信，这家使用维珍品牌后不断扩大的公司会有更好的机会从汇丰（HSBC）、劳埃德、巴克莱和国民西敏寺等英国知名银行手中争夺客户。

与此同时，这位可以说是世界上最著名的创始人，已经将自己的角色转变为首席营销官，这正是2015年他在底特律的那几天所表现出来的。即便如此，他的外表以及与人交流的话术仍是经过精心设计的。在布兰森的推广活动中，许多采用维珍品牌的公司都只有短暂的时间来介绍自己。

可以确定的是，尽管创业型领导者及其家族仍拥有该公司的所有权，但布兰森的日常参与有限。虽然他没有与公司分道扬镳，但是对其的管理没有坚持太久，对于交接权力的担忧也不复存在。

自2011年以来，维珍帝国一直由做事利落的新西兰律师乔什·贝利斯（Josh Bayliss）担任CEO。如果把贝利斯描述为维珍的大脑，那么布兰森就是维珍的核心和灵魂。不过，这位新西兰人已经决心让维珍集团专业化——这意味着当创始人不再晋升时，就要考虑该如何享受生活了。

---

① NTL和Telewest分别是英国第一大和第二大有线电视运营商。——译者注

其实，贝利斯并不是第一个管理集团的空降之人。在他之前，曾先后在玛氏（Mars）和联合利华担任过六年 CEO 的斯蒂芬·墨菲（Stephen Murphy）于 1994 年加入维珍，将维珍音乐（Virgin Music）出售后重组了该公司的业务。

在过去的 10 年里，维珍看起来有所不同了。一直以来，管理者们都在齐心协力地改变其商业模式，从在利润中赚取分成转向依靠其强大的品牌效应获得利润。维珍可以通过出售其在健身房和银行的股份，将其资金循环到新的投资项目中，而其他投资者则准备在这些项目上支付股本来获得使用这个品牌的特权。

这给了布兰森两全其美的机会，尽管人们对他曾经沉迷玩乐的企业颠覆者的形象根深蒂固，但实际上，他通过他的非营利基金会维珍联合（Virgin Unite）投身于慈善事业，或是进行一些新的具体投资（比如，与维珍银河一起进入太空）。虽然其中也有失误，比如在新冠疫情期间为维珍大西洋航空公司向英国政府寻求财政支持——尽管其创始人在 2020 年 7 月就 70 岁了，但该品牌一直保持着年轻的活力，这种模式是否适用于其他企业值得商榷。其他每一位创始人都必须坚持或扭转局面：判断什么时候企业没有了他们，才能发展得更好。但即使不插手，布兰森也一直在商界。

"这是一个家族企业，但我不是家族中的一员，"乔希·贝利斯于 2016 年说道，"我去内克岛（Necker Island）是为了开董事会，不是为了玩风筝冲浪[①]。"贝利斯之所以至关重要，是因为布兰森的两个孩子——山姆和霍莉——一直忙于电影制作和慈善事业，是否会想要接管维珍的掌控权还不得而知。他们的父亲可能已经给他们指明了未来规划，这意味着他们不用继续父辈的事业。

[①] 风筝冲浪（kitesurfing），是一项借风而行的水上运动项目，混合了特技风筝、帆板、冲浪、滑水、滑板等多种运动元素。——译者注

这对兄妹是维珍集团管理层的重要成员，从 2008 年开始进入公司实习的霍莉似乎能更加深入地参与集团活动，担任维珍联合主席。正如下一章所要探讨的，他们面前的选择对任何接班型领导者来说都是再熟悉不过的。

chapter
05

第 5 章

接班型领导者

优点：

自信、热情、尊重传统、了解企业、接受过良好的专业训练。

缺点：

容易走极端，要么过于刻板，要么过于偏激。

适合： 领导家族企业。否则，他们有可能把钱花在并不擅长的领域，比如慈善事业或风险投资。

你会在哪里找到他们： 他们父母家族产业或周边产业。

做自己的品牌

1982年9月，让-弗朗索瓦·德高独自站在位于汉堡市中心的一间德国电信（Deutsche Telekom）的黄色电话亭里沉思，耳畔响起父亲曾经的叮嘱。这是他的家族企业德高集团（JCDecaux）首次进入德国市场。在他的故乡法国，德高集团的公交车候车亭已遍布大街小巷，成为许多城镇的标志性建筑物。这其实是公司的营销手段，因为公交车候车亭广告面板的盈利远远超过了候车亭的安装和维护费用。

然而，在德国一切都要从零开始，这里什么都没有：没有广告资源，没有办公室，甚至没有电话线。因此，让-弗朗索瓦不得不在街上打电话招揽生意，就出现了他在电话亭中的那一幕。这个艰难的挑战，是父亲让-克劳德·德高（Jean-Claude Decaux）给他的。父亲在18年前成立了这家以他们的姓氏命名的公司，并在这些年将市场从法国本土扩展到比利时和葡萄牙。让-弗朗索瓦在大学时读的是法学专业，他在毕业时，父亲无情地告诉他："我无法为你在法国安排工作，你要是想加入家族企业，就必须选择自己的市场，从零开始发展。"这便是让-弗朗索瓦开拓德国市场的根本原因。

让-弗朗索瓦选择德国的原因很简单，因为他在学校曾学过德语。然而，他没有意识到的是，德国60%的市场都被由法兰克福和慕尼黑等地方政府投资的一家公司控制，这意味着他最大的潜在客户也投资了他最大的竞争对手。这对年轻的让-弗朗索瓦来说无疑是一个难题。不过，让-弗朗索瓦清楚地知道，要想继续在德国生存下去，他就只能成功，不能失败。

让-弗朗索瓦回忆道："我父亲曾对我说，'我打算在你身上赌500万德国马克。我不会说德语，也不想去德国。你完全可以自己去德国发展，因为你从小在商业环境下长大，知道商业模式是如何运作的，可以开发新市场。放心，就算你赔了钱，你还是我的儿子，你的失败不过是证明了你不适合做生意。'"

现如今，让-弗朗索瓦作为德高集团的联席CEO，已经成长为一位八面玲珑、意气风发的管理者。显然，父亲在他身上的赌注得到了回报。截至2019年底，德高集团的员工已超过1.3万人，运营广告面板超过100万块，每天的观众人数超8.9亿人次。德高集团最新公布的财务报告显示，公司总收入39亿欧元，净收入2.66亿欧元，业务范围也已经从原始的公交车候车亭扩展到包括广告牌、机场、城市自行车计划和公共厕所等在内的一切形式的户外广告。带有德高标志的售货亭和垃圾箱如今在世界各大城市的市中心随处可见，它的海报广告牌也比比皆是。

让-弗朗索瓦补充道："我本可以很容易地直接选择去欧莱雅或宝洁公司工作，但比起安定的生活和工作，向我父亲证明我有能力迎接他的挑战对我来说更有吸引力。"

让-弗朗索瓦是一位典型的接班型领导者，接管了自己的家族企业。接班型领导者的领导机会往往来得比其他类型领导者容易得多，因为他们的父辈、祖辈或其他家人在他们之前创建了家族企业，让他们可以直接继承。也可以说，他们是被家族选中的人，从小就知道长大后有一天，这一切都将是他们的。然而，尽管童年生活舒适且富饶，他们在成年后也承受着显而易见的压力，因为他们不能辜负家人的期望和祖辈奋斗来的成果。

接班型领导者是一种充满挑战的领导类型。他们往往要追随家族创始人的脚步，根据他们的安排来接管企业，因为长辈们总会担心自己的孩子不再像他们年轻时那样渴望成功。有些接班型领导者接管自己的家族企业，并在长辈的指导下成功地将企业发展壮大，但时代的发展意味着企业也需要现代化，需要领导者和新一代年轻人一起创新。还有些领导者选择与传统的管理方式背道而驰，在接班后迅速将企业带到一个全新的方向上，但偏离原有的企业发展轨道往往会面临巨大的风险，结果也许并不尽如人意。

成功领导者的子女往往能够较为轻松地适应他们继承的角色，或是为自己"量身定制"一个新的领导角色，让自己更快、更舒服地适应。不过，他们也必须小心，因为创建一个家族企业需要几代人，但毁掉一个家族企业有时只需要一代人。接班型领导者面临的最大困难是要保证整个大家庭的主要收入来源，以及通过竞争在兄弟姐妹之间脱颖而出，得到这个宝贵的继承者身份。

血统的赌注

和大多数望子成龙的父母一样，让－克劳德·德高希望他的儿子们能像他一样奋斗拼搏、渴望成功。1937年，让－克劳德出生于巴黎北部博韦的一个普通家庭，靠一家鞋店维持生计，他需要在大街小巷张贴小广告来宣传家里的鞋店，在这个过程中，他展现出了早期的创业天赋。那年夏天，尽管镇上的人很少，鞋店的销售额却在飙升。不过，他的父亲度假回来后却对此很不满，抱怨说张贴小广告是违法的，父子俩还为此发生了一场激烈的争吵。

"和我父亲相比，我的祖母更有商业头脑，她说从销售额和成本来看，我做得非常棒。"让－克劳德说。在打算开始做海报生意时，他还不到21岁，需要父亲的签名才能在银行开户。当法国政府宣布开始对路边广告征收惩罚性税收时，他被迫重新思考未来的商业计划，并在1964年提出提供公交车候车亭的想法。他计划为法国各自治市安装候车亭，并通过设置候车亭广告面板盈利。他曾说："我天生就是领导者，因为我具备一种创造奇迹的气质！"

让－克劳德的创新精神在他的长子让－弗朗索瓦身上得到了充分体现：让－克劳德曾为公交车候车亭申请了一个名为"街道家具"的专利，他的儿子让－弗朗索瓦则成功说服了德国第二大城市汉堡市，与他签订了一份为期20年的合同来建设并推广候车亭，汉堡市是德国少数的没有国有竞争对手的城市之一，这次合作推动了公司的发展。他说，家族企业的竞争优势终于得到了体现，但遗憾的是，这家市场领头羊的名字在法国越来越出名，在德国却仍不为人知。这其中也有一些运气成分，正如让－弗朗索瓦所说："两年来，我们几乎没有竞争对手。我想要是放在今天，那么我不可能取得这些成就，因为别的公司可能很快就会复制我们的模式。"

直到 1989 年 10 月，德高集团在行业内仍保持着领先地位，盈利远超它的竞争对手，员工也不再需要在街上打电话招揽生意。在柏林墙倒塌后的一周内，让－弗朗索瓦就开始向莱比锡和德累斯顿以及其他东德城市推销公司的服务了。因此，在德国统一前，德高集团就已经在德国市场占据了一席之地。让－弗朗索瓦的父亲让－克劳德对这个结果感到十分满意，在 1989 年和 1998 年，他的另外两个儿子让－查尔斯（Jean-Charles）和让－塞巴斯蒂安（Jean-Sébastien）加入家族公司时，他分别派他们去西班牙和意大利开发市场。有了大儿子的成功经验，他做出这个决定也不足为奇。

搬到伦敦后，让－弗朗索瓦承担了更多的责任：他先是将公司市场扩展到了英国和北欧，又进一步扩展到了俄罗斯和其他很多国家。以让－弗朗索瓦为例，接班型领导者们的最初管理和经营经验往往从父辈学习而来，并最终接管家族企业。20 世纪末，哥伦比亚广播公司（CBS）的领导人梅尔·卡马金邀请让－克劳德、让－弗朗索瓦和让－查尔斯（他的工作重点是南欧、拉丁美洲和亚洲）三人在纽约共进午餐，这是一个特殊的历史节点，因为德高集团的股权关系差点因此改变。

CBS 是一个以量取胜的案例。CBS 最著名的是网络电视台，但随着媒体行业的合并，1996 年 5 月，CBS 收购了运输面板公司 TDI，这意味着它在户外广告领域也取得了一定的发展。德高父子三人怀疑 CBS 找到他们是为了收购德高公司，继续扩大它的市场，果然，在他们共进午餐时，梅尔·卡马金给了他们一个很高的收购报价。

出于礼貌，让－弗朗索瓦回复对方，会认真考虑后再给他们答复。在电梯里，让-克劳德对让-弗朗索瓦说："这个决定取决于你，现在的公司发展是你的事情。如果接受，你就会有很多钱，但或许你会感到无聊，你的生活可能也会因此受到影响。你或许还会投资其他未知的行业，然后赔很多钱，这都是说不准的事情。"午饭后不到五分钟，让-弗朗索瓦决定不出售德高集团，并与CBS进行竞争，筹备上市。

让-克劳德一直非常反对合并和收购，他是通过与世界各地的城市签订一份又一份合同打开市场的。然而，到了1998年，局面发生了变化，竞争对手美国清晰频道通信公司（Clear Channel）击败了德高，收购了总部位于伦敦的莫尔集团，该集团在25个国家都有业务，对他们构成了极大的威胁。行业正在迅速扩张，儿子们说服了他们的父亲——他们要么成为一家收购公司，要么干脆被收购。

1999年4月，在他们与CBS的梅尔·卡马金共进午餐后的几个月后，德高以6.5亿英镑收购了法国广告集团哈瓦斯（Havas）的户外子公司艾文莉（Avenir），成功将公司规模翻倍。然而，一个月后，CBS就宣布，以65亿美元的股票收购了美国最大的广告牌公司（Outdoor Systems）。这似乎成了两家公司的一场较量，为了偿还因收购而产生的债务，德高于2001年在巴黎泛欧交易所上市，两家公司的较量从未停止。

| 交接 |

上市后，德高正式确定了领导层并基本沿用至今：让-弗朗索瓦和让-查尔斯担任联席CEO，并轮流担任董事长，让-克劳德担任监事会主席。目前，让-克劳德已经从业务管理一线退了下来，而且他继任的想法也在激烈的讨论后最终被否决了。作为公司创始人，让-克劳德建议他的长子让-弗朗索瓦担任CEO，在他60岁时移交给让-查尔斯。不过，让-弗朗索瓦说，

他想和他的弟弟共同担任这个职务，因为他们都非常了解几个主要市场，可以互帮互助。最终的结局也终结了手足间的激烈竞争，毕竟这种竞争要是再持续下去，就可能会打乱这个稳定的家族企业。

让－查尔斯说，共同担任联席 CEO 这一做法也进一步巩固了他们兄弟俩的关系。在家族企业交接时，家族里的孩子往往都很可能会争抢职位，每个人都认为自己会担任 CEO 的职位，而其他人则被列在替补名单中。"我没有这么做，我想这也向我哥哥证明了我对他和他的事业的尊重。"

1992 年，围绕扩展美国市场这一问题，让－弗朗索瓦与他的父亲产生了职业生涯中唯一一个分歧。让－克劳德和比克（Bic）圆珠笔公司的联合创始人马塞尔·比克（Marcel Bich）是好朋友，该公司也生产打火机和其他一次性用品。让－弗朗索瓦认为，对于当时的德高来说，与比克公司合作是打开美国市场最快的方式。然而，比克公司曾出现过打火机爆炸的严重问题，引起了一系列集体诉讼，让－克劳德担心这种悲剧会重演，便坚决反对这个计划。

让－克劳德说："我知道这是世界上最大的市场，但我不想冒着失去我白手起家建立的公司的风险去赌旧金山和美国其他几个城市的市场。"不过，之后的一个偶然的机会，让－弗朗索瓦得到了电影导演弗朗西斯·福特·科波拉（Francis Ford Coppola）的支持并坚持执行了这个计划。弗朗西斯·福特·科波拉在欧洲拍摄时结识了让－弗朗索瓦，他们共同出席了公开听证会，科波拉在听了让－弗朗索瓦的计划后十分支持，并对他大加赞赏，这给了他坚持下去的勇气。

对传统文化的尊重、明确的责任分工和公开的讨论，让－克劳德通过自身实践证明了如何让两位接班型领导者在一个家族企业中有效合作，创造最大价值。创始人将领导权尽早放手给接班型领导者们，也使他们在年轻时就接受了考验，并渴望接受更大的挑战。如今，让－克劳德正在培养家族的第三代继承人，关于德高集团的未来，我们拭目以待。

对继承的依赖

2014年9月10日上午7时47分，桑坦德银行（Banco Santander）发布了总裁埃米利奥·博廷（Emilio Botín）的讣告：博廷因心脏病发作去世，享年79岁。

埃米利奥是银行界的传奇人物，被员工称为"总统先生"。在过去30年内，桑坦德银行从一家名不见经传的小银行成长为欧元区最大的银行，这一切都归功于博廷这些年不间断的并购交易——英国和拉丁美洲的大批银行都被他收购了。1986年，埃米利奥成为桑坦德银行总裁，同年西班牙加入了欧洲共同体，埃米利奥也清楚地知晓加入更大的贸易集团将带来的机会。埃米利奥去世时，桑坦德银行的资产总额超过了西班牙国内生产总值，是欧元区规模最大、市值最高的银行之一，拥有1.03亿客户、24万亿欧元资金、近1.4万家银行分行、超过18.2万名员工，业务和分支机构涵盖欧洲、拉丁美洲、美国和亚太地区，全球营运能力被业内认为唯有汇丰银行可与之媲美。

桑坦德银行在发布讣告并为埃米利奥的去世表示"深切哀悼"的同时，董事会和委员会讨论决定，其长女安娜·博廷或将出任该银行的新总裁。这位53岁的女士凭借她的个人魅力、专业素质、经验、领导力，以及在西班牙乃至国际上的一致认可，得到了委员会的全票通过，被认为是新总裁"最合适的人选"。

安娜回应说："感谢董事会在我和我家人最艰难的时期给予了我最大的信任，我将尽我所能致力于我的工作岗位。多年来，我一直在桑坦德银行不同国家的分支机构工作，担任不同的职务，深切感受到了我们团队的专业精神和奉献精神。我们将继续全力以赴，为客户、员工和股东打造更好的桑坦德银行。"

周二晚上，埃米利奥在心脏病发作后去世，他六个孩子中的长女安娜在周三早上急匆匆地从英国飞往马德里，在周三下班前，她已经接替了父亲的位置，仅仅24小时，物换星移。对于大多数家庭来说，当他们沉浸在失去亲人的悲痛中时，时间似乎是停滞不前的，但对于企业来说，工作不仅要继续，而且似乎还加快了速度。虽然博廷家族必然也经历了普通家庭的悲伤，但商界不允许他们沉浸在悲伤中停滞不前。

桑坦德银行之所以能在这么短的时间内确定新总裁的人选，是因为这么多年来，安娜的继任一直是一个板上钉钉、不需要纠结的事情。对这个决定的追根溯源需要从100多年前说起——桑坦德银行成立于1857年，但早在1895年，博廷家族就成为该机构的常务董事，1923年，安娜的祖父成为常任主席。

博廷家族被称为欧洲银行业的皇室成员，由于这次任命的速度使它看起来更像是一次加冕典礼，而不是一次严格的企业继承，但想到总裁人选早就是个公开的秘密，因此这就不足为奇了。尽管博廷家族只持有该公司2%的股份，但这一切看起来都如此理所应当，难怪桑坦德银行的一些股东质疑此事没有询问过他们的意见。在银行界有这样一句传言："在桑坦德银行，如果你不是博廷家族的成员，你就只是众多普通人中一员。"

接班型领导者清楚地知道，身为家族成员意味着与企业密切相关。他们总有一天会成为领导者，这是他们从小就被灌输的思想。不过，埃米利奥并没有始终把他的子女列在企业继承人选的第一位，安娜在15年前就曾被父亲解雇过。1999年，她努力帮助父亲扩大桑坦德银行的规模，但为了确保桑坦德银行能够顺利收购西班牙中央银行（Banco Central Hispano，BCH），成为西班牙第一大银行，埃米利奥要求她离开公司，以打消西班牙中央银行高管的担忧。安娜因此离开了集团，尽管在此之前她一直以成为桑坦德银行高层为职业目标。

安娜在2015年的一次采访中说:"在我看来,这次离职证明了父亲是一个大公无私的人,他会把桑坦德银行的利益放在首位,而不是自己、家庭或其他个人利益。"在这次采访中,她透露出了放弃成为桑坦德银行高层的目标,她认为自己不太可能顺利继承这一职位。

人们认为安娜有些多愁善感,但其实她非常敏锐、机智、胆大,她并没有离开桑坦德银行多久。在经营一家小型风险投资公司和咨询公司三年后,她被要求执掌该集团位于马德里的巴内斯托(Banesto)子公司。2010年,更大的考验出现了——她接管了桑坦德银行英国公司,这家公司的规模更大,旗下包括三家较小的贷款机构:阿比国民银行(Abbey)、联合莱斯特银行(Alliance & Leicester)、布拉福德－宾格利银行(Bradford & Bingley)。

2013年,当被问及谁在她的职业生涯中帮助最大时,安娜还是选择从家庭角度进行了回答。她说:"是我的丈夫一直帮我,尽管这听起来有些陈词滥调。我很少谈论家长里短,但如果你没有家庭的支持,你就不可能同时拥有家庭和职业生活。对我来说,我丈夫总是能给我很多宝贵的建议,他一直在我身后默默地支持我。"

像许多接班型领导者一样,安娜在她父亲的指导下工作了许多年。埃米利奥是一位典型的首领型领导者,擅长和皇室成员交谈,有着钢铁一样的领导风格,并打造了自己的企业品牌。他亲自监督了桑坦德银行总部的建设,总部位于马德里博迪利亚·德尔蒙特区,于2004年开业,占地250公顷,拥有九栋办公楼、一个住宅区、可容纳多达500名儿童的欧洲最大的企业托儿所,以及设施完善的体育馆,包括两个高尔夫球场,午休时埃米利奥常会去那里。

安娜最终能够担任桑坦德银行新总裁,也证明了她并不惧怕处理公司的遗留问题。安娜接任时,解雇了几个关键的副总裁,还解散了几个出手阔绰、交易莽撞的股东，随后制定了更完善的财政管理细则，包括削减股息和修复资产负债表。她掌权仅四个月后就发起了75亿欧元融资，也证明了公司财政系统改革的力度之大。安娜强调了对有机增长的关注，比如，如何通过提高产品质量、销量与服务水平，拓展客户、扩大市场份额以获得更多收入，并聚焦供应链金融等一些不起眼但重要的企业贷款领域。

这并不是一件简单的事情，当时的桑坦德银行正处于发展的低谷期，许多国家业务在当地已停止上市，但安娜对此别无选择。时代变了，银行就必须随之改变。即使她的父亲没有去世，银行也必须注入新鲜血液，寻找新的方向。然而，这就出现了一个问题：接班型领导者是不是变革桑坦德银行的最佳人选。事实上，在这种情况下，选择一位补救型领导者会做得更好、更快，能帮助公司以最快的速度摆脱遗留问题的负担。

2020年初，安娜带领下的桑坦德银行的股价下跌了一半以上。同年7月，桑坦德银行资产减少了126亿欧元，并将问题归咎于疫情对经济的影响，这家西班牙银行经历了163年以来的首次季度亏损。超低利润增加了盈利的难度，这也导致欧洲银行股在近几年来逐渐失去了人们的青睐。一些接班型领导者有父母不断传授管理经验，青出于蓝而胜于蓝，但从安娜的前五年经营情况来看，她和桑坦德银行未来还需要继续努力。

| 雄心闪烁 |

钢铁巨头拉克希米·米塔尔是一位青出于蓝而胜于蓝的企业家。2019年，他执掌的安塞乐米塔尔钢铁集团（ArcelorMittal empire）年收入超过700亿美元，尽管钢铁价格下跌导致该集团最终净亏损25亿美元。拉克希米·米塔尔的名字来源于印度教财富女神，他在19岁时加入父亲的钢铁公司，开始他的商业经历，尽管生活与他想象的几乎完全不同。1950年，米塔尔出生在印度北部一个没有电的沙漠中,被父亲送到加尔各答的圣泽维尔学院学习。由于学习成绩优异,校长很希望他以后能当一名大学教授。

米塔尔的爷爷那一辈生活在巴基斯坦,印巴冲突时,他带领家族来到印度。米塔尔的父亲默罕·拉尔·米塔尔(Mohan Lal Mittal)是家族第一代真正的企业家——他拿出多年经商的积蓄,在印度尼西亚收购了一家经营惨淡的钢铁厂,并在两年内让它起死回生。有报道称,这家家族公司最后在1995年被拆分,因此接班型领导者可以在其他地方发展国际子公司,默罕·拉尔·米塔尔则可以和兄弟专注于发展印度资产。

如今,安塞乐米塔尔钢铁集团是全球规模最大的钢铁制造集团,拥有191 000名员工,在18个国家制造钢铁。

米塔尔并没有钢铁般果断坚毅的性格,而是有些保守,他在考虑企业发展时还考虑到了家庭。就像他得到了继承机会一样,他想确保他的后代也有类似的机会。米塔尔的儿子阿迪亚与他共事多年,2004年以来,阿迪亚的妹妹瓦尼莎也一直担任董事会的非执行董事。与传统的接班型领导者相比,他们似乎构成了双重领导行为。

尽管很多人会认为,这种接班型领导者在家族企业中会受到某种程度的保护,毕竟与自己创业相比,和父母一起工作能轻松很多。不过,米塔尔家族并不是外人看来的那样,他们在刚成年时就承担起了企业管理责任,而不是受到父母的过度保护。2006年,安塞乐米塔尔钢铁集团与卢森堡的安塞尔合并,成为世界上第一家年钢铁产量一亿吨的工业巨头公司。作为米塔尔钢铁集团的财务总监,30岁的阿迪亚在这个过程中起到了关键作用。

在2012年的一次采访中,主持人问米塔尔,他的儿子是否会走他的老路,继续留在安塞乐米塔尔钢铁集团发展。他说:"我不确定他是否愿意继承,每个人都有自己的自由,有权利选择自己的未来。当初我父亲就没有限制我,我也不会限制我的子女。不过,我相信我的儿子会留下来,目前看来，他愿意继续与公司一起成长。"

根据现在的情况可知，米塔尔的预判是正确的。截至目前，除了管理财务和领导集团的欧洲业务之外，阿迪亚还在 2018 年被安塞乐米塔尔钢铁集团的高层任命为总裁，继续管控集团未来的战略方向。2020 年，当安塞乐米塔尔钢铁集团收购印度的埃莎钢铁集团（Essar Steel）时，阿迪亚被任命为新的合资企业的董事长，此时的他充满了雄心壮志，立志将产量翻倍。这些任命不是安塞乐米塔尔钢铁集团的高层在一夜之间做出的决定，而是经过了深思熟虑和严格的考验。接班型领导者深谙长远眼光的重要性，他们继承公司的事实表明他们已经取得了足够的成功，可以把经验传给下一代，下一代也可以绝对信任他们。这对企业高层来说是最好的选择，他们没有理由背道而驰，也没有必要通过空降另一种领导类型来进行变革，比如，空降激情型领导者或补救型领导者来修复遗留问题，或是空降外交型领导者来调解问题。

与米塔尔家族不同，瑞典的沃伦伯格家族采用的是长期投资的继承模式，这种管理模式给他们带来了十分明显的优势，也使他们的企业成为欧洲最强大的商业家族之一。通过控股公司投资者（Investor），沃伦伯格的第五代继承者管理着一个商业帝国，其中包括瑞典许多行业的最大公司的重要股份，包括家电公司伊莱克斯、电信设备制造商爱立信、制药巨头阿斯利康（AstraZeneca）和北欧斯安银行（SEB），以及美国纳斯达克证券交易所（NASDAQ）和私募股权投资者殷拓集团（EQT）。截至 2019 年底，投资者的投资组合价值为 4850 亿瑞典克朗（约 410 亿英镑）。

长期投资是另一种类型的接班型领导者模式，而不是本章前半部分分析的继承者角色类型。自 2005 年担任董事长以来，雅各布·沃伦伯格（Jacob Wallenberg）深入思考了家族如今的行为，并分析了这些年来企业影响力的变化趋势。

雅各布·沃伦伯格在一次采访中说："当我的祖父走进会议室时，无论他是否拥有股份,他都有一定的话语权和决策权,他的权力来自他的人格魅力和社会地位。25年后,当他的儿子,也就是我的父亲,走进同一间会议室时,仅凭借人格魅力就完全不够了,他还必须拥有一定的股权——比如公司10%的股份——才能拥有话语权。如今,我们这代人走进同一间会议室时,决定是否有话语权的只有股权,而不是知名度——无论这个人有多伟大、多知名。"

像安娜·博廷一样,雅各布·沃伦伯格在家族公司就职期间也离职过一段时间,回归后又逐渐在家族企业中占有一席之地。从沃顿商学院毕业后,雅各布·沃伦伯格先在华尔街投资银行摩根大通(JP Morgan)工作了两年,然后在伦敦商业银行汉布罗斯(Hambros)工作了一段时间,之后又在亚洲的北欧斯安银行担任副主席。这意味着他拥有广阔的国际视野和思考能力,这种视野在瑞典这样的环境之下很常见,但如果你仅仅在首都斯德哥尔摩工作就很难拥有这种视野。

现在他是领导者,他在言语中总会强调自己的身份和地位,这样才不会在董事会里显得无能。设置投资分析师岗位是为了确保董事能够充分了解被投资的公司及自己所运营的市场。对沃伦伯格家族来说,他们能够继承领导者地位是得益于股权和知识积累,而不是他们的家族名字。雅各布·沃伦伯格补充说:"我们希望其他董事会成员对我们的认可是建立在我们的专业能力和知识积累的基础上的,这样我们才能真正博得他们的信任,拥有实质权力,影响公司。"

他把这种在投资者商业模式框架内不断变化以跟上不断变化的世界的过程描述为"动态连续性"。"这和家族企业有什么关系吗?没有,这与我们祖辈延续下来的价值观有关,这些价值观经过了实践检验,后代也会继续尊重这些价值观。"也就是说,作为接班型领导者,家族让你迈出了第一步,但并不能保证你之后的能力如何。

然而，尽管所有的精神延续和专业训练都是为了不辜负家庭企业的头衔，但一些接班型领导者还是选择了违背传统，因为商业对他们来说远不止这些。

1998年，乔纳森·哈姆斯沃斯（Jonathan Harmsworth）[1]在父亲去世后担任了《每日邮报》集团（Daily Mail and General Trust，DMGT）主席。1922年，为了稳固家族权力，北岩勋爵（Lord Northcliffe）[2]成立了DMGT。1932年，集团在伦敦证券交易所上市。自1896年乔纳森的曾祖父北岩勋爵创办《每日邮报》以来，哈姆斯沃斯家族的权力范围一直在扩大。经过多年的发展，该公司的业务范围已经涵盖贸易会议、网站和信息公司，规模大到可以进入富时100。

《每日邮报》为英格兰中部发声，影响力越来越大，大到引起了英国政府的关注。然而，报纸行业充满挑战的经济形势，使得集团不得不做出调整。2009年，DMGT宣布以一英镑的价格将亏损的《伦敦标准晚报》（*London Evening Standard*）的控制权出售给前克格勃特工亚历山大·列别捷夫（Alexander Lebedev）。《伦敦标准晚报》是伦敦街角的常备读物，有越来越多的人买来放在家里阅读。

对于该集团董事长兼控股股东乔纳森·哈姆斯沃斯来说，低价出售显然是一个艰难的决定。宣布出售后不久，乔纳森说："我对《伦敦标准晚报》的感情非常深。除了父母去世，出售《伦敦标准晚报》是我一生中最难过的事情，没有之一。"尽管公司的日常决策由DMGT的CEO负责，但在乔纳森看来，家族与企业密不可分，他的父亲在1987年创办了《伦敦标准晚报》，他和家人对它的感情可想而知。

---

[1] 第四代罗瑟米尔勋爵（Lord Rothermere）。——译者注
[2] 北岩勋爵，原名艾尔费雷德·哈姆斯沃斯（Alfred Harmsworth），是英国现代新闻事业创始人。——译者注

正如下一章激情型领导者所讲的那样，领导者应该有激情，但不要做出会引发情绪化的决策。作为一名接班型领导者，如果乔纳森不能控制住自己的个人感情，DMGT 就可能不会成为英国领先的报纸出版商之一。而许多其他印刷公司为了寻求短暂的经济增长，在很久以前就退出了低迷的纸质报纸行业，从大众的视野中消失。

可以肯定的是，乔纳森永远不会这样做，他断言，稳定的报业集团必须具备能扛过报纸行业低迷期的资产。如果接班型领导者周围有能干的助手，并能及时采纳他们的建议，就能大大提高接班型领导者的成功概率。而对于下一代来说，他们有很长的时间去倾听和学习。根据领英上的信息可知，乔纳森的长子维尔（Vere）于 2020 年初加入 DMGT 并担任业务发展职位。

| 风险管理 |

让我们重新回到德高集团的故事中来。在 2013 年 4 月 8 日的监事会会议上，让-克劳德·德高宣布在这一年 5 月 15 日的年度股东大会之后，他将正式退休。不过，在退休前，他需要确保他的家族力量与企业命运休戚与共。截至目前，德高家族仍然拥有德高集团 66% 的股份，公司的价值超过 40 亿欧元，让-克劳德·德高为集团付出了所有，毫无保留。同时，他也迫切地希望看到家族的第三代人加入公司。就在他退休时，他的长孙女亚历克西娅·德高-勒福特（Alexia Decaux-Lefort）成为董事会的三名成员之一，她也是瑞士高级腕表制造商伯爵（Piaget）的产品经理。直到 2016 年去世时，让-克劳德·德高一直拥有德高集团创始人和名誉主席的头衔。

让-弗朗索瓦·德高表示，德高集团的大门永远为德高家族的后代敞开，但他们再也不用经历他 1982 年在德国的艰苦创业经历，如今德高集团的市场范围已经覆盖从澳大利亚到津巴布韦等 80 多个国家。让-弗朗索瓦·德高说:"对下一代来说,会有不同的考验——他们需要 10 年在其他行业的从业经验,并能以此证明自己的实力,然后才可以加入家族企业。"

2017 年,德高兄弟代表德高家族第三代做出了一个决定,因为他们的孩子早已熟悉了现在的德高公司,因此需要拓展家族势力范围,给他们提供新的锻炼机会。德高家族以 7.91 亿欧元收购了投资银行拉扎德及其创始人创建的投资公司欧瑞泽(Eurazeo)。这家家族企业正在等待德高家族新生代力量的加入,但为了防止德高家族第三代不能延续父辈的成功,他们的投资不再拘泥于媒体行业,还扩散到了各行各业。

多样化的问题给接班型领导者带来了沉重的压力。企业不能一成不变,如何将过去与未来完美结合,是领导者必须要面临和解决的问题。这也是当前最困扰德高集团的问题,如果第三代不能扛起公司发展的大旗,公司就会面临巨大的危机,正如谚语所说的"富不过三代"。

| 升级换代 |

法国巴黎春天百货集团(Pinault-Printemps-Redoute,PPR)转型为开云集团是企业转型成功的典型案例之一。公司的现任董事长兼 CEO 弗朗索瓦-亨利·皮诺在 2014 年的一篇文章中描述了他父亲弗朗索瓦——1963 年创建这家法国奢侈品公司的创始人——将公司交予他的过程。

交接的过程非常简单。那是 2003 年一个星期四的夜晚,在巴黎的一次晚宴上,父亲要求儿子接管家族控股公司阿尔特弥斯(Artemis)。而下周的星期一早上,弗朗索瓦-亨利前往公司总部时,就发现自己的办公室换了位置。

两年后,当弗朗索瓦-亨利接管 PPR 时,他面临着所有接班型领导者都要面临的挑战:要么让公司按原计划继续发展,要么做出重大战略调整、进行改革创新。PPR 是一家集建筑产品、邮购和零售于一体的百货零售业集团，并通过收购古驰（GUCCI）和圣罗兰（YSL）成功进军奢侈品领域。弗朗索瓦 – 亨利说："我担心西欧尤其是法国在公司市场份额中比重过大，公司需要变得更加国际化，更加注重利润导向。因此，公司将进行战略调整——将注意力更多地集中在奢侈品市场，如服装和首饰等，这一部分有很强的长期增长潜力。"

公司陆续增加了对布里奥尼（Brioni）、斯特拉·麦卡特尼（Stella McCartney）和葆蝶家（Bottega Veneta）等奢侈品品牌的投资，被替换下来的则是图书、电器、百货等品类。弗朗索瓦 – 亨利认为，通过规模扩张带动经济增长不是一个长期战略。果然，奢侈品市场可以赚取巨大的利润，到 2014 年，集团销售额下降了一半以上，但利润增长了约 40%。不过，仅凭进攻奢侈品市场这一件事并没有完全让弗朗索瓦 – 亨利载入家族史册。2018 年，PPR 正式更名为开云——"Kering"将"Ker"和"ing"组合，"Ker"是布列塔尼语言，代表着法国皮诺家族的发源地；"ing"则象征着皮诺家族并不是一成不变的，一直在革故鼎新。

在其他行业和地区，与弗朗索瓦 – 亨利属于同一类接班型领导者的还有何超琼和詹姆斯·默多克（James Murdoch）。何超琼是"澳门赌王"何鸿燊的长女，何鸿燊将澳门变成了亚洲的博彩圣地，澳门博彩业的收入在很久以前就超过了拉斯维加斯。

作为何鸿燊 17 个子女之一的何超琼的领导能力和商业才干超出了她的兄弟姐妹，一直被外界视为何鸿燊的接班人。1999 年澳门回归中国时，市场竞争十分激烈，何超琼没有与试图打破其家族 40 年垄断的所有美国连锁赌场对抗，而是选择其中一家——米高梅度假村（MGM Resorts）——合作，成立了一家利润丰厚的合资企业。

在 2013 年的一次采访中，何超琼谈到父亲退出管理一线时说："我父亲是一个受人尊重的领导者,他仍然会在背后指导集团运营,但我认为,家族这些企业实际上是相当独立的。"2018 年 6 月 12 日,何鸿燊退任公司主席、执行董事及董事会执行委员会委员职务,全面退出董事会。2020 年 5 月 26 日,何鸿燊逝世,享年 98 岁,何超琼正式全面掌管集团的策略性发展及企业管理业务。

媒体行业最著名的家族之一是默多克家族,这个家族是由鲁伯特·默多克(Rupert Murdoch)领导的。苏格兰牧师帕特里克·默多克(也就是鲁珀特的祖父)在 1851 年受邀移居墨尔本,帕特里克坚信言论自由,并认为媒体是对抗暴政最有力的武器。虽然自己没有投身新闻事业,但他对新闻的热爱与执念深深影响了他的子孙后代,最终鲁伯特建立了一个国际新闻和娱乐帝国。2003 年,鲁伯特 30 岁的儿子詹姆斯被任命为英国天空广播集团卫星广播公司的总裁,这一任命引起了很大的争议。有的反对者认为,鲁伯特的新闻集团当时拥有天空电视台 35% 的股份,他本人又是天空电视台的总裁,在任命詹姆斯这件事情上,他没有听取其他人的意见;还有反对者认为,詹姆斯资历太低,不适合担任这个角色,尽管他此前一直在管理该集团在亚洲的星空传媒(Star TV network)。

人们对此感到担忧,但詹姆斯很快就用实际行动打消了人们的这种顾虑。詹姆斯是鲁伯特的儿子,一直喜欢争强好胜,敢于直面困难,与 BBC 竞争。天空电视台于 1989 年推出了四个频道,这些频道是在位于伦敦西部郊区的一个工业园区的厂房里打造的,但为了吸引观众,天空电视台又签订协议分别获得了电影播放权和足球联赛转播权。

短期投资者期待天空电视台能够借此举实现 800 万的长期目标。在此之前,2004 年 8 月,鲁伯特提出了达到 1000 万英镑的计划,并提出了一项在事后导致天空电视台股价暴跌的投资计划。鲁伯特的竞争对手——英国卫星广播公司,是由英国政府经营的,二者的竞争十分激烈。为了吸引更多关注,双方都不约而同地把目光投向了好莱坞,并纷纷给出高昂的制作费。鲁伯特破釜沉舟，通过大量贷款的方式填补资金漏洞，而英国卫星广播公司也同样面临巨额财富赤字。

2005年10月，天空广播公司收购了互联网服务供应商易迅（Easynet），此次收购表明天空广播公司有扩大其业务范围的趋势，在销售电视套餐时还增加了宽带订阅服务，但这也将与英国电信展开直接竞争。詹姆斯原本是一位传统的接班型领导者，他和他父亲鲁伯特一样按部就班地经营着这家公司，但时代的变化迫使他必须参与竞争，面对这次巨大的挑战。

2007年，詹姆斯接替父亲，出任天空广播公司总裁，经营帝国的英国报业分支——新闻国际公司（News International）。2011年，詹姆斯试图一次性全部收购天空广播公司，但是在2012年，由于新闻国际公司被曝出手机窃听丑闻，詹姆斯也被卷入这场纠纷中，便被迫离开了天空广播公司，收购计划被搁置。2016年，詹姆斯回归，重新担任天空广播公司董事长，默多克旗下的21世纪福克斯公司（Twenty-First Century Fox, Inc.）正式宣布以117亿英镑收购天空广播公司61%的股份，并最终达成并购协议。2018年，美国最大的有线电视运营商康卡斯特公司（Comcast）以310亿美元的价格收购了英国天空电视台。

然而，对于接班型领导者来说，家族成员的想法并不总是一致的。2020年1月，詹姆斯和他的妻子凯瑟琳（Kathryn）公开批评了自家媒体，称其在报道澳大利亚山火一事上淡化了气候变化的影响，他们对此感到失望。实际上，自2018年底以来，詹姆斯逐渐退出了家族企业的纷争，通过自己的基金——Lupa Systems进行媒体投资。

倾销

西格拉姆集团（Seagram）的接班型领导者是公认的低效率领导者。西格拉姆集团是由加拿大企业家塞缪尔·布朗夫曼（Samuel Bronfman）一手打造的，他在禁酒令时代向私酒贩子出售威士忌，慢慢发展成了公司，曾经是排名世界前列的饮料公司之一，旗下品牌包括芝华士威士忌（Chivas Regal whisky）和玛姆香槟（Mumm champagne）等知名品牌。遗憾的是，由于领导者的低效，这个曾被誉为酒界传奇的西格拉姆集团如今已经不复存在了。1971年，塞缪尔·布朗夫曼去世后，西格拉姆集团由他的儿子老埃德加领导。集团的巨变从1994年开始，在第三代接班型领导者小埃德加的领导下，集团的光环逐渐淡去，直到最终消失。

1995年4月，集团释放了变革信号——西格拉姆以88亿美元的价格将杜邦（DuPont）——一场收购战的战利品——24%的股份卖给了美国的化工集团。之后，小埃德加先是在1995年收购了电影工作室MCA，随后又在1998年以106亿美元的价格从飞利浦集团中收购了宝丽金唱片公司（Polygram）。

小埃德加显然是想抓住所有可能的机会，但事实并没有这么简单。老埃德加在他职业生涯的早期曾试图收购米高梅电影公司（MGM），他的儿子小埃德加也曾尝试过担任电影制片人和作词人。不过，老埃德加很介意他的父亲塞缪尔·布朗夫曼对他领导家族企业方式的看法。老埃德加在一次采访中说，他的父亲曾说过，"企业的规划要通过投票决定，而不是通过想象力"。因此，老埃德加打消了收购电影公司的想法，但小埃德加不顾家庭的反对和顾虑，坚持收购了上述两家公司。

尽管双方达成了交易，但将饮料和媒体相结合对于当时的西格拉姆集团来说是个难题，毕竟他们没有迪士尼或时代华纳这样的公司规模。因此，2000年6月，小埃德加将西格拉姆集团的整体业务出售给了威望迪（Vivendi）公司——这是一家法国水务公司，也希望将公司转型为娱乐和互联网巨头，这场交易的时机看起来不错。毕竟，西格拉姆集团的股价在将杜邦卖掉后的五年里几乎上涨了两倍。然而，随着互联网泡沫的破裂，媒体和电信股崩溃，这给威望迪带来了灾难性的毁灭。公司的饮料股被以 80 亿美元的价格卖给了竞争对手帝亚吉欧和保乐力加（Pernod Ricard）。威望迪的 CEO 让－玛丽·梅西耶（Jean-Marie Messier）是一位态度强硬的首领型领导者，但她做出的收购决定使威望迪集团的财务状况岌岌可危。

一手好牌打得稀烂。布朗夫曼家族成员因此向高层反馈，强烈要求辞退梅西耶。在 2002 年梅西耶离开威望迪时，他们的总资产已经损失了数十亿美元。2003 年末，小埃德加以 26 亿美元收购了当时世界四大唱片公司之一的华纳音乐（Warner Music），以此安慰自己。

这个大家族至今还没有破产。不过，值得注意的是，西格拉姆集团创始人塞缪尔·布朗夫曼在 1966 年接受采访时说："我担心第三代人会让家族多年的苦心经营毁于一旦。"曾经的担忧如今变成了现实。

| 特权与裙带关系 |

能够担任接班型领导者这个角色的人选范围是较为有限的。这是本书中唯一用出身来定义的领导类型。大多数接班型领导者生来就知道是否能拥有这个职位，他们会继承父母或公司董事会的高级职务，但他们也需要为此做多年的充分准备，确认自己是否有能力继承。

接班型领导者在很小的时候，就能通过倾听父母在餐桌上的讨论来了解公司是如何运作的，并能通过特殊教育和接受家族的挑战来锻炼自己的能力，以便在未来接管企业。

然而，他们往往缺乏对基层工作业务的亲身实践——创始人的子女不可能真正从头开始学习业务，除非父母给他们安排了特定的任务。

获得大众的认可对他们来说也可能是一个挑战。接班型领导者的成功被很多人认为是理所当然的，但他们的失败却往往会被无限放大。将接班型领导者的特权背景和他们面临的挑战分开而谈并不容易：他们小时候的舒适与他们所接受的挑战形成了巨大的落差。其实，最好的接班型领导者应该是那些能够深思熟虑、成功领导的人，无论他们的家庭背景如何。

chapter
—— 06 ——

第 6 章

激情型领导者

优点：

精力充沛、乐观向上，执行力强、善于培养员工的忠诚度。

缺点：

他们对工作业务的投入度有待提升，不能在危机时刻当机立断。

适合：一家需要敬业且有同情心的领导者的企业。
你会在哪里找到他们：他们真心热爱的地方。

就事论事

闪烁的红色灯光，震耳的摇滚音乐，嘈杂的空气中弥漫着汗水的味道，给人一种夜店既视感。一些身体健硕的年轻人在深蹲、举杠铃或躺在地垫上练腹肌，还有一些身穿健身服的年轻人在整齐排列的跑步机上跑步。他们对运动的热爱是狂热的，在这里，每一滴汗水都是晶莹剔透的，每一步跳跃都是全力以赴的。在这个狭小的空间里，似乎所有的压力都能得到尽情释放，运动与情感的完美结合，让他们热血沸腾，享受其中。

乔伊·冈萨雷斯站在这间健身房的正中间，戴着耳机，被汗水浸湿的T恤隐约透出他完美腹肌的曲线。他双臂有力，步履稳健，表情刚毅。他帅气挺拔的身姿、健壮的体格、发达的肌肉，使人感到一股充沛的生命力量。冈萨雷斯和其他俱乐部成员一样，奔跑、跳跃，带领学员进行力量训练。他看起来精力充沛，学员在他的带领下也神采飞扬，活力满满。

冈萨雷斯喜欢他所做的事情，这也是他在健身俱乐部如鱼得水的原因。冈萨雷斯看起来很适应这种典型的纽约环境，但他在这里的身份不仅仅是一名健身房教练，也是过去10年发展最快的健身工作室巴里训练营的CEO。

在渴望真实性的商界里，很多公司不切实际地盲目喊口号："没有激情就没有生存，一切为了产品！一切为了客户！一切为了员工！"然而，这种看似慷慨激昂的激情却成了企业运营中最没有意义的事情。这是一个不可估量的指标，也是最容易导致领导者失败的指标。然而，有一种类型的领导者能传递激情，我们称他们为"激情型领导者"，因为他们的激情不是假装出来的。

他们对工作的信念是根深蒂固的，将他们从那些只对自己公司的业务感兴趣的老板中挑出来是一件容易的事。他们热爱他们的产品、服务，以及他们所提倡的生活方式，这足以满足他们的职业抱负。与补救型领导者和销售型领导者相比，他们没有过多不切实际的愿望，只专注于当下所做的事情，他们也更容易跨行业工作，寻找下一个挑战。激情型领导者忠于事业，专业知识扎实，他们一旦找到了自己的职业激情所在，就很可能会为这项事业奋斗终生。

学校总是会建议学生们在毕业后从事他们喜欢的职业，但很少有学生能真正做到。只有少数幸运儿才能在职业生涯中坚持自己所爱并做到极致，就像冈萨雷斯那样。激情型领导者能够把爱好变成事业，因为他们本身就是自己公司的忠实顾客。加雷思·戴维斯（Gareth Davis）曾是帝国烟草（Imperial Tobacco）公司的CEO，该公司旗下有包括黑约翰（JPS）、威斯（West）和大卫杜夫（Davidoff）在内的诸多卷烟品牌，他过去经常在新闻发布会上或发布会后，抓住每一个机会去外面抽烟——他这样做不是为了宣传效果，而是他真的很爱抽烟。

他们的这种激情是在年轻时培养出来的，这就是本章比本书其他章节对领导者的领导动机讨论得更多的原因。激情型领导者很可能是从小在他们后来所投身的行业中长大的。有些人选择回到培养他们的公司担任领导，比如，2004年，斯图尔特·罗斯（Stuart Rose）勋爵重返15年前培养过他的食品和服装零售商玛莎百货（Marks & Spencer，M&S）担任CEO。激情型领导者还可能始终为一家企业效力，从平凡到卓越，从未离开，比如史蒂夫·罗（Steve Rowe），他于1989年成为玛莎百货的实习生，并于2016年被任命为CEO。

想想一名足球队中的球员兼教练[①]，同时涉及两个阵营，肩负球员和管理者的双重身份。他们对会议室、休息室，甚至制造商和健身房的要求都有着独特的理解，因为他们自己也是这些场地的使用者。

---

① 球员兼教练（player-manager），在体育运动中身兼球员及领队的职位术语。——译者注

第 6 章 激情型领导者

有些比较偏激的人可能会说，如果你年薪达到约 500 万英镑或是更多时，你很容易会爱上某样东西。然而，与这些人不同的是，激情型领导者的优势之一是他们的可信度：为了这个职位，他们可以接受比市场更低的薪水和待遇，他们不必向外人解释这样做的动机，因为热爱可抵岁月漫长。

冈萨雷斯就是这样的一位激情型领导者。从第一次走进巴里训练营到最后成为 CEO，他花了 14 年时间。在这期间，巴里训练营成为城镇中最热门的健身工作室，吸引了运动达人和诸多普通健身爱好者前来参加有氧运动和力量的混合训练，取得了很好的效果。

1998 年，巴里·杰伊（Barry Jay）在西好莱坞成立了巴里训练营。经过多年的发展，它已在从新加坡到斯德哥尔摩的众多城市开设了 80 家门店，众多明星慕名而来，包括维多利亚·贝克汉姆（Victoria Beckham）[①]、哈里·斯泰尔斯（Harry Styles）[②]和金·卡戴珊（Kim Kardashian）[③]。2011 年，巴里在挪威的卑尔根开了第一家分店，两年后，又在伦敦开了第二家分店。

2018 年初，第四家巴里训练营在伦敦开业。此时的冈萨雷斯不仅仅是作为领导者在管理公司，还作为一名健身者在享受运动、感受公司文化。显然，一个懒汉是无法成为健身房的领导者的，但巴里训练营对于冈萨雷斯来说，意味着健康、幸福的生活方式。冈萨雷斯开始严格控制饮食，宣誓戒掉糖、酒精、麸质和乳制品，并间歇性断食。喝着苦涩的黑咖啡，冈萨雷斯却能露出甜蜜的微笑，因为这是健康的味道。

一开始，冈萨雷斯只是热爱养生和健身，后来他将爱好发展成了自己的职业，接受了专业的培训和严格的训练，于 2015 年担任巴里训练营的 CEO。有时，激情型领导者对他们领导的公司是心怀感激的，这种感激在冈萨雷斯

[①] 英国女歌手、演员、时尚设计师。——译者注
[②] 英国男歌手、演员。——译者注
[③] 美国服装设计师、演员、企业家。——译者注

身上体现得格外明显。

冈萨雷斯谈到了巴里训练营是如何在他职业生涯失意时给他带来希望和信心的。作为一名曾经的儿童演员，他的演艺生涯高调开始，却一路滑坡，最终惨淡落幕。他换了很多份工作，在市场上漂泊，直到他走进了巴里训练营。他说，走进巴里训练营的那天，他感觉自己找到了家。从会员到教练再到 CEO，这么多年来，他对在巴里训练营上的第一堂课仍记忆犹新。他说："那是我一生中最美好的一天。"

从工作到生活，冈萨雷斯的一切都与巴里训练营息息相关，他甚至在这里结识了他的另一半。而且，他并没有因为感情生活而离开巴里训练营，而是一直坚持在教学一线。多年来，冈萨雷斯坚持在每个星期六早上开设课程。在新冠疫情期间，他转而在 Instagram 上在线授课，同样获得了学员们的一致好评。

激情型领导者在发展迅速的休闲行业更加常见，毕竟度假、锻炼或理发比在工厂安装小部件或制作豆子罐头要简单得多。对于大多数激情型领导者来说，热爱公司的产品比热爱公司更重要。对于其他类型的很多领导者来说，只要有一定程度的知识积累就足以完成工作。例如，最大的咖啡连锁店很少由获奖咖啡师管理，自行车零售企业也很少由自行车骑行冠军领导，因为专业技能不是一个有效领导者的必备技能。因此，激情型领导者想要证明的是，他们的热情提高了他们的专业能力，他们的领导能力能提高公司的业务水平。

激情型领导者所提供的是灵感源泉，他们的热情是有感染力的，这意味着他们能够为企业带来凝聚力，从而轻松地靠近他们的员工和其他利益相关者。问题的关键是如何利用他们的这种信任度和感染力来激励他们周围的人努力工作，并产生积极的改变。

广告激情

在探索这个问题之前，值得一提的是市场营销。对于一位领导者来说，自己的行动是最好的广告方式，没有什么比这更能博得员工和客户的信任，至少部分激情型领导者是这么认为的。三姆啤酒的联合创始人吉姆·科赫多年来一直亲自为自己公司做广告，给人的印象是一位值得信任的激情型领导者，他的热情大大提高了啤酒的销量。不过，这种方式也有弊端，因为这样的老板同样会给人留下俗气、不真实的印象。销售型领导者做梦也不会想要扮演这样的角色。

这方面最著名的领导者是维克多·基亚姆。20世纪80年代初，他根根分明的白发、晒得黝黑的皮肤和沙哑深邃的声音成为雷明顿电动剃须刀的品牌形象。基亚姆在担任剃须刀行业领导者之前，曾在女士内衣品牌倍儿乐（Playtex）从事销售和营销工作。在一次著名的广告活动中，雷明顿剃须刀给他留下了深刻的印象，他下定决心要收购这家公司。

然而，当他刚开始考虑这笔交易时，他的妻子艾伦便提出了质疑——他至今还从未使用过电动剃须刀，如何领导剃须刀行业？他回答说："我卖了13年的女士内衣，可我从来都没有穿过。"第二天，他的妻子给他买了一个电动剃须刀，基亚姆将它与其他品牌进行了比较，发现雷明顿仍是他的最爱，便毫不犹豫地收购了它。这家亏损的公司在基亚姆收购后的第一年就扭亏为盈。

领导者亲自为自己的产品代言固然能提高销售量，但是他们的这种全身心投入企业的热情也会让人们产生一系列担忧。这种亲力亲为的领导者必须确保自己仍然能赢得同行的尊重。如果热情不符合客观条件，且成为领导者在做决定过程中的障碍，它就可能成为一种危险的象征。

巴里训练营的冈萨雷斯可能走了一些捷径，但至少到目前为止，他已经成功地做出了正确的商业决定，让他的会员满意。而且，拥有巴里训练营大部分股份的私募股权集团北堡伙伴公司（North Castle Partners）正在考虑以7亿美元的价格出售该公司。遗憾的是，新冠疫情打乱了他们的计划。2020年6月，巴里宣布对总部位于洛杉矶的收购公司莱特贝资本（LightBay Capital）进行股权投资。

激情型领导者必须中和他们的热情和冷静，才能在他们热爱的工作领域有所建树。他们在员工和客户中的影响力和信任度表明，没有人能比他们更适合领导一家公司渡过难关。然而，尚不清楚的是，热爱和激情如何帮助他们在企业危急关头做出重要决定，要知道，一旦在这种紧要关头掉链子，就会严重影响他们的威信力。在危机中失败根本不是领导力。

| 爱书者 |

位于伦敦皮卡迪利大街的水石书店的二楼建了一个室内阳台，总经理詹姆斯·当特很喜欢在这里凭栏而望，欣赏他费尽心血打造的这家书店。在这里，他可以看到整个书店的全貌——就像是一座为书籍打造的大教堂，书被分门别类地摆放得整整齐齐，以便顾客可以轻松翻阅。

阳台的另一个方向是书店的后门，热闹的杰明街以及衬衫专卖店TM Lewin和雅格狮丹（Aquascutum）就位于书店的对面。在书店的正下方，当特可以看到大街上络绎不绝的行人走到书店门口驻足，浏览海报、卡片和收藏品，一些行人还会选择在书店一楼的咖啡店小憩。咖啡店装修得金碧辉煌，美味的糕点也像书籍一样被用心地摆放在展台上，给行人提供了一隅幽静之地，让他们在这条喧闹的街道上稍做歇息。

书香、咖啡香给行色匆匆的人们带来了一丝温暖与宁静，即使是在如今的这个大数据、人工智能时代，这种传统的营销方式仍然在复杂的零售业中占据着一席之地。詹姆斯·当特也给人留下了深刻的印象，他温文尔雅、友好、举止温和、博学多才，他以了解他的顾客为荣，毕竟多了解他们一些也没什么坏处。尽管当特也在网上卖书，但实体书店是他的主业。自 2011 年经营水石书店以来，他遇到的最大挑战是互联网时代以亚马逊网络销售为代表的线上销售方式给实体书店带来的冲击。

水石书店的旗舰店是欧洲最大的书店，拥有超过 8 英里的书架，它毗邻英国的皮卡迪利广场。那里曾经是气势恢宏的辛普森百货商店，但在不久前商店意外倒闭，它的黄金位置和引以为豪的品牌也无法挽救它。经过岁月的磨砺，百货商店变得破旧不堪，不再受欢迎，路人可能只会在这里借用洗手间的时候对里面的商品一扫而过，并不会真正购买。末日论者认为这个起源于 1982 年的英国品牌是商业街的一个受害者。而当特改变了现状。

2017 年夏天的一个星期五下午，在那家咖啡店里，当特开始实施他的改造计划。工作六年来，当特头一次对一家分店给予这么高的关注度，他为店里安装了舒适的家具、金字塔桌子、鲜花和 LED 照明灯。比装修更重要的是，他将权力从总部下放，鼓励员工与客户分享他们的文学知识，再加上成本削减策略，使得水石书店在上一年的财政年度实现了 1090 万英镑的盈利。事实证明，这并不是一件一劳永逸的事情。

从定义来看，情怀类项目不会把盈利放在第一位。然而，如果激情型领导者明白"经济基础决定上层建筑"这个道理，就会知道缺乏坚实的利润，就没有任何东西能让人永远保持热爱。批评者可能会说，任何一位补救型领导者都可以对水石书店做同样多的事情。不过，如果当特是一位补救型领导者，用一系列无情的决定经营公司的生意，那么他现在早就从公司离开了。比他作为一位读者的热情更重要的是，他是一位购书者，这赋予了他看问题的特殊视角，也博得了员工对他的尊重，因此提高了公司业绩。

当特以一名自豪的店主的身份走过来，一边在顾客浏览和寻找礼物的地方穿行，一边轻轻地整理陈列。你可以想象一下他的另一种生活：在一家商店里，他身着一条干净整齐的围裙站在柜台后面。其实，他的故事就是这样开始的。

当特对书的热爱体现在他生活中的方方面面。小时候，他的母亲每周都带他去伦敦北部的图书馆，他的父亲是一名周游各国的外交官，小当特也因此萌发了对旅行和阅读的兴趣。

25 岁时，当特辞去让他感到无趣的投资银行的工作，决定跟随内心去追寻自己的梦想。这项事业离不开金钱的支撑，但当特想有一个良好的开端，于是他借了 24 万英镑，在伦敦市中心的马里波恩商业街上收购了一家漂亮的书店。他很快就发现，这是他唯一想做的工作，于是他陆续在伦敦开了六家当特书屋（Daunt Books），对其的定位是"小而美"——独一无二，引人注目，有很多特别的东西，但是规模不大，且以其聪明的员工和文学聚会而闻名伦敦。之后，俄罗斯亿万富翁亚历山大·马穆特（Alexander Mamut）联系当特，他收购了当特最大的竞争对手——水石公司，希望与当特合作，拯救亏损的水石公司。

当特的复兴故事中有许多事例表明，做事情是为了企业的最大利益，而不是守住底线。比如，不再急于对外向出版商出售店面的空间，这个举措让水石公司一下子损失了 2700 万英镑，对于这个举步维艰的公司来说，似乎不是一个明智之举。然而，顾客可能没注意到的是，当特在公司重建了内部连锁店，并鼓励一线员工自主经营。

当特让水石公司起死回生。他的观点是，小即是美，只要他们做得足够好，市场上就能容纳他们。之前对于零售业的许多人来说，价格是他们首要考虑的因素，但是互联网的发展提高了消费的透明度，因此对于现在的销售业来说，价格是次要考虑的因素。他同时也承认，他的很多思想已经过时了。"我们需要更好的书店。"当他还在经营自己的小书屋时，他不得不与水石公司和博德斯公司（Borders）争夺货架空间，现在一切都好起来了。他推断，水石与亚马逊的竞争犹如大卫与歌利亚之战[①]，但规模扩大了很多。

现在，当特的事业又开始了。这位激情型领导者正试图在美国开拓市场。2018年，他用美国投资管理经理埃利奥特（Elliott）提供的资金从马穆特手中收购了水石公司。一年后，他又收购了美国最大的零售书商巴诺书店（Barnes & Noble）。当特被任命为这两家公司的CEO，从伦敦搬到纽约，重振水石和巴诺的市场。水石和巴诺共有627家分店，一直面临着激烈的竞争。他把最近的这笔交易描述为"一个卖书的好日子"。

具有讽刺意味的是，埃利奥特竟成了图书行业的救星。埃利奥特以股东激进主义而闻名，曾扣押过一艘阿根廷海军的船。或许他是被当特的激情所感染而合并了这两家公司，但这种做法能让实体图书零售商思考未来的发展计划。

激情很早就被点燃了。我们知道自己热爱什么，领导者也不例外。作为一个十几岁的音乐迷，迈克尔·拉皮诺对音乐的热爱比许多人都强烈。他花了16个小时去观看了他人生中的第一场演出——齐柏林飞艇乐队（Led Zeppelin）的主唱罗伯特·普兰特（Robert Plant）的演出。拉皮诺与其他音乐会观众的区别在于，他成功地将自己的爱好转换成了他的职业，且成就非凡。

如果你的家乡在桑德湾，那么长途旅行很有可能会成为你的爱好。桑德湾是加拿大安大略省人口最少的地方，位于苏必利尔湖的加拿大一侧。拉皮

[①] 出自《圣经》。非利士人是主前1200年从爱琴海一带移居至巴勒斯坦的一支海上民族，当时他们定居在以色列国的南部，多次试图北上越过中间的山脉，占领以色列人的领地。以色列人曾打败非利士人。这次，非利士人又来挑战：一是为了洗刷上次战败的耻辱；二是当时扫罗王统治的以色列国力衰落，非利士人觉得有机可乘，想要攻下以色列。在这次战役中，非利士人歌利亚并不像外表看上去那么强大，以色列人大卫也没有众人所看到的那么弱小，大卫靠着对永生神的信心战胜了歌利亚。——译者注

诺不知道他的工作最终会带他去看更多精彩的演出，在他成为一名领导者后，唯一没有改变的爱好就是旅行。

拉皮诺于 2005 年执掌现场娱乐公司，担任该公司的总裁兼 CEO，该公司后来成为世界最大的音乐会推广商。2020 年，新冠疫情打乱了所有的既定现场音乐会的计划，现场娱乐公司本已安排美国摇滚乐队老鹰乐队（The Eagles）、韩国男子演唱组合防弹少年团（BTS）、美国乡村音乐演唱组合战前女神（Lady Antebellum）、美国流行乐歌手雪儿（Cher）、英国摇滚巨星洛·史都华（Sir Rod Stewart）等在世界巡回演出，但最终都遗憾取消。2019 年，现场娱乐公司年收入增长 7% 至 115 亿美元，成为世界上最大的现场音乐会主办公司，为 5000 多名艺术家举办了 40 000 多场活动，接待了近 9800 万粉丝。现场娱乐公司还对著名的场馆很感兴趣，包括旧金山的菲尔莫（Fillmore）和阿姆斯特丹的齐戈体育馆（Ziggo Dome），并在英国经营着雷丁利兹音乐节（Reading and Leeds Music Festivals）。现场娱乐公司已经从一个巡演合作伙伴发展成世界上一些顶级乐队的营销合作伙伴。

在某些方面，拉皮诺承认他还是很幸运的。在录制音乐垄断市场之后，CD 销量开始下降，巡回演唱会就成为乐队的收入来源。当然，仅凭热情是不可能成功经营像现场娱乐公司这种大规模企业的。只能说，激情为他带来了前进的动力，但不能保证他的成功。值得庆幸的是，拉皮诺对演出的质量、音乐会设施、食物和饮料，以及票务网站的要求都很严格，这保证了他的领导力。他的非凡之处在于，他很早就制订了把自己的爱好转化为事业的计划。21 岁时，他在餐巾纸上写下他想在 40 岁时经营一家大型娱乐公司。梦想通常不会像这样成真，但是有梦想是实现梦想的第一步。

拉皮诺说："我十几岁的时候很幸运，当时我和同学们在大学里组建了一支乐队并承办了一场演出，那场演出是我一生中最棒的两个小时，因为我找到了我的人生目标。我很早就知道了我的兴趣所在，找到一生的追求目标对一个人来说是最困难的。"

拉皮诺曾在加拿大啤酒公司拉巴特（Labatt）工作过，在那期间，公司曾赞助过一场音乐会，他被音乐会现场的氛围深深地吸引了。毫无疑问的是，他对于音乐的热爱是狂热的，过去每年他都要去见100个乐队。现在越来越少了，因为他经常在全球各地出差。

这种激情不会被商业现实冲淡。他的批评者说，拉皮诺比任何人都更善于将音乐会产业化，如今的巡演多到让乐迷们来不及看，这一点是成功的，但其定价则饱受争议。自2017年以来，其音乐馆和竞技场的票价上涨了两位数。不过，现场娱乐公司表示，与晚场NFL[①]或NBA[②]比赛的票价相比，它们仍然有竞争力。像拉皮诺这样的音乐爱好者非常痴迷于体验现场音乐会，也乐于花高价买票，这也体现了音乐会的价值。

意外收获

首领型领导者喜欢他们的角色赋予的权力，他们往往都很自恋。激情型领导者则会爱上一些不同的东西——既可能是产品，又可能是日常活动、过程，甚至是商业竞争，这些都能让他们感到兴奋。

商业成功带来的盈利和生活标准的提高对领导者而言是极大的诱惑，因此他们不难找到从事商业的动力。正如前面几章所描述的，不断提高的市场需求，无处不在的利益相关者，这些都需要领导者做出一定的牺牲——可能是时间，也可能是金钱。国际公司的领导者可能在一年中有一半时间都在飞机上，以至于他们的身体不知道自己在哪个时区，当然他们的家人也不知道。

---

① 美国职业橄榄球大联盟（National Football League）的简称。——译者注
② 美国职业篮球联赛（National Basketball Association）的简称。——译者注

谈到压力和紧张，激情型领导者也是比较特殊的，他们身上的责任相对来说轻很多，因为支撑他们工作的是兴趣。他们会迫不及待地早早起床，投入到热爱的工作中。伦敦广告业的资深人士西拉·斯诺鲍（Cilla Snowball）女士说，她一直喜欢保罗·盖蒂（Paul Getty）[①]的那句话："早起，晚干，加油。"

广告业是一门较为简单的生意。优秀的广告公司会做出诱人的广告吸引顾客，让他们争先下单。然而，有的领导者则认为广告给他们的工作增添了不确定性，因为他们的工作在某种程度上比广告上展示的更具战略性或整体性——他们对自己的工作充满热情，但广告并不总是能反映真实情况。

西拉的观点更有根据，她不会刻意强调工作的考核评价，而是强调工作的过程与意义。工作的价值固然重要，但西拉很早就意识到广告是一个依靠人际关系繁荣的行业，因此她把酒会和商业晚宴看得比其他一切都重要。阿博特·米德·维克斯（Abbott Mead Vickers，AMV）是英国最大的广告公司，隶属于奥姆尼康集团（Omnicom），这家公司的成功离不开顾客的认可——它可以让顾客一直续约，并且续约时间比业内任何人猜想的时间都要长。

2014年，当时的西拉可以说正处于权力的巅峰，AMV公司与《经济学人》杂志建立了30年的客户关系，与英国电信建立了20年的客户关系，与英国超市集团森斯伯瑞（Sainsbury's）建立了35年的客户关系。只有公司审计人员才知道建立这种长期客户关系的难度和重要性，而监管机构正在研究如何鼓励公司加快建立新的客户关系的节奏。然而，在变化无常的广告世界里，客户选择合作单位就像在超市货架上选择两种不同品牌的洗涤液一样容易改变，客户与代理的平均关系只有两年半。

当然，能留住这三个基石客户并不完全是西拉的功劳，老板之间关系的

---

① 20世纪60年代世界首富，被称为"石油怪杰"。——译者注

重要性也不可低估。在这个不断努力让客户看起来尽可能真实的行业中，西拉高度的热情和对细节的关注度是显而易见的，她能鼓励下属竭尽全力，员工的热情也能提高公司的业务能力。

同样值得一提的是，西拉在一个并不适合女性发展的领域取得了如此大的成绩是非常难得的。电视剧《广告狂人》(*Mad Men*)中描绘的20世纪60年代的性别歧视在社会中长期存在，事实也确实如此。现任英国文化协会主席史蒂薇·斯普林，在职业生涯早期加入男性主导的商业机构时曾被建议取消资格。有时主办方甚至将会议安排在男性专用酒吧或拳击馆中举行，导致斯普林多次错过会议。

自1992年以来，西拉一直在AMV工作，2002年开始出任公司CEO，2006年出任AMV BBDO[①]主席兼CEO。就像当特和冈萨雷斯一样，她是在一个行业、一家公司成长发展起来的。西拉的工龄本可以更长，但由于她当初错过了公司的校园招聘会，导致她大学毕业后花了11年才加入AMV。

多年来，公司每次进行关键客户招标或领导层改选时，西拉都会保持高度警惕和谨慎，因为公司高层结构的变动通常会引发新助手和新供应商的连锁反应。她说："我们竭力让客户主动选择我们，而不是被动地被我们选择，因为这是一个竞争非常激烈的世界。"为了以防万一，西拉与企业的每一位高层都保持着密切联系，她对企业的专注和友好都是真实的。

在广告业，没有什么是一成不变的，这个行业总是会倒逼企业变得更好，否则就将被市场淘汰。2016年，森斯伯瑞决定发展另一家公司，但AMV集团很快就用竞争对手阿斯达（Asda）连锁超市取代了它的位置。2019年，英国电信也选择去其他国家重新发展。西拉是一位真正的激情型领导者，她在2018年退休，在培养有价值的关系方面做出了很大贡献。

---

① AMV后来归入天联（BBDO）旗下，成为AMV BBDO。——译者注

走上致富路

多元化矿业巨头英美资源集团的CEO马克·库蒂法尼（Mark Curtifani）也是一位激情型领导者的代表。他对自己行业的热爱是不容置疑的，集团能够从世界上一些处于高风险环境中的最贫穷地区大量开采矿产，离不开充满激情、真诚的领导者，这是很多矿业巨头公司都无法做到的。

为了公司运营，库蒂法尼走遍了世界各地的矿山。在这段时间里，他脱下了在公司常穿的西装和靴子，换上安全帽和工作服外出进行现场检查。为了在不影响工作的情况下顺利完成学业，库蒂法尼在一个矿场上夜班，白天在新南威尔士州的伍伦贡大学上学。凭借着对职业的热爱，支撑着他走到了今天。

在多伦多、约翰内斯堡和西澳大利亚沙漠地区工作了一段时间后，他于2013年来到英美资源集团，当时发生了两次重大变化。在中国原材料需求增长停滞之后，英美资源集团面临着更艰难的时期。再加上全球最大的矿商过度扩张，销售增长放缓，导致公司背负了数十亿美元的债务。

公司的领导层也进行了战略调整。英美资源集团是一家历史悠久的大公司，成立于一个世纪前，旨在开发南非的贵金属矿床。公司持有戴比尔斯公司的股份，主要生产黄金、铜、铂和钻石。1999年，公司将其主要股票市场转移到了伦敦，至此，领导者可以随意对外地工人发号施令的日子结束了。采矿行业首领型领导者居多，库蒂法尼作为采矿业的激情型领导者，对企业产生了一定的影响力。

首先，激情型领导者需要表现出对他所做的事情的热情，当然，这和他需要在采取强硬措施时保持冷静并不冲突。他坚持在一线工作，指甲里可能藏满了污垢，但这并不会影响他在公司高层的领导力和话语权。2014年，库蒂法尼果断出售了英美资源集团69个矿山中的15个，包括历史悠久、劳资关系敏感的南非铂金矿。

库蒂法尼也很清楚，他需要与员工保持密切联系，以表明他的关心。在他在安格鲁阿山帝公司（AngloGold Ashanti）工作期间，他参加了为在该地暴力浪潮中被枪杀的罢工工人举行的大规模纪念活动。他这样做并没有问题，不过他是唯一一个持这种观点的矿业领导者。他说："人民群众就是生意。""如果你忽略了人民群众的影响力，你就不配做一名领导者。"

库蒂法尼的激情并不会影响他事业上的进步。事实上，他正在策划一项重大的变革计划——在伦敦圣詹姆斯的英美资源集团总部入口处建一个类似"作战室"的地方。他对他的计划充满了激情和期待，这看起来就像是一名渴望将自己的想法付诸行动的采矿工程专业的学生。

领导者都喜欢戏剧感。当补救型领导者担任一个新的领导角色时，他们有时会创建一个表现自己的平台。然而，激情型领导者库蒂法尼则不会这样，他在办公室的四面墙上贴满了图表和文字，上面写着库蒂法尼在其他行业中观察到的一些技术，这充分体现了他想要长期发展公司的雄心。

在之后的几年里，早期的抱负已经转化为一种新的工作方式。英美资源集团注册了一项名为"未来智能矿业"（FutureSmart Mining）的专利，旨在通过采用更高的精确度来减少废物的产生，减少水资源浪费，并使其设施更加安全，这个计划有力地推动了公司的发展。

这个计划本可以由一位西装革履的战略家制订，但是由库蒂法尼这样一位对其从事的行业有深刻理解和热情的领导者制订，则提高了它的可信度和动力。随着时间的推移，库蒂法尼已经证明，他不怕做困难的事情，不仅是为了股东的利益，更是为了人民群众的利益。

付出更多

激情型领导者更适合在非营利性行业工作,这是有道理的。因为他们不仅能不受薪水和利润的影响,更能专注于自己热爱的事情,贝茜·斯佩特(Bessie Specter)就是一个很好的例子。2019 年,她担任英国皇家学会鸟类保护学会(Royal Society for the Protection of Birds,RSPB)的 CEO。人们对这个组织并不陌生,但很少有人知道它的实际规模如何。

RSPB 是欧洲最大的鸟类保护组织,有 120 多万会员、2000 多名员工和 12 000 多名志愿者维护着 200 多个自然保护区,这些保护区是英国 80% 最稀有或最受威胁的鸟类的家园。它在保护英国自然资源方面发挥着至关重要的作用。

贝茜的任命并不令人惊讶。她之前一直在有着 130 多年历史的慈善机构林地信托(Woodland Trust)工作,自 2014 年以来,她一直担任林地信托的 CEO。荷兰皇家壳牌公司(Royal Dutch Shell)和其他公司曾承诺种植数百万棵树木,为保护环境做出贡献,但其实并未完成,林地信托基金则在英格兰北部种植了 5000 万棵树,创造了新的"北方森林"。贝茜就是这样一位值得尊敬的英国慈善机构领导者。

她对自然世界的热爱可以追溯到其童年时代。她说:"我在多塞特郡长大,我们总是露营、钓鱼或是在干涸的河床上闲逛。我喜欢在长长的田间小路上漫步,这在其他人看来似乎很无聊,但我却从中学到了很多。"其实,贝茜所学的专业是英语而不是地理,且她最终成了一名管理顾问。"这种感觉太棒了,但这个平台对我来说还远远不够,我还想做一些更重要的事情,比如,回到大自然,为环境保护做贡献。"

对大自然的热爱支撑着贝茜在林地信托工作了 14 年,后来担任 RSPB 的 CEO。她说:"对我来说,这个角色的吸引力在于,RSPB 这种大规模的保护组织，能对改善气候变化和物种损失起到重要作用——这是当前大自然面临的最大挑战。我想待在这样一个具有影响力的组织中，发挥出自己的实力。"

粗犷之爱

激情型领导者是近年来出现的最重要的领导类型之一，是一种被认为"接近完美"的领导者类型。他们不仅是公司领导者，还与组织建立起了真诚的联结。这在激励他人和向员工传播正能量方面具有巨大的影响力。

激情型领导者往往是很好的沟通者，他们对喜欢的话题充满热情，但对于他们来说，行动胜过言语——他们不需要去说服任何人理解他们的信仰，只需通过自己的行动证明即可。他们对事业和企业有着绝对的忠诚，这种全身心的投入意味着他们不太可能担任许多非必要的职务来扰乱他们的计划。几乎没有证据表明，缺乏在事业上的野心会影响他们的工作热情，他们对事业的热爱永远不会消逝。

对激情型领导者来说，唯一的问题是如何将激情投入到工作中。有些激情型领导者需要把他们的激情和战略目标相结合，以促进战略目标的达成。在这一点上，他们可以跟接下来要介绍的类型的领导者——活动家型领导者——学习。

chapter
——07——

第 7 章

活动家型领导者

> **优点：**
>
> 目标明确、勇敢果断、团结一致、敢于冒险和纠正错误。

> **缺点：**
>
> 可能存在利益冲突和战略不平衡。

适合： 领先的大品牌和大雇主——对有规模的公司更容易产生影响。不过，即使是小公司的领导者也应该尝试一下。

你会在哪里找到他们： 越来越多的地方，有目的的营利已成为企业生活的一部分。

第 7 章 活动家型领导者

| 名利双收 |

彭安杰在 2000 年搬到纽约后,他的职业生涯如日中天。他在花旗集团工作的四年时间里,大多是在伦敦和布鲁塞尔度过的,这次晋升保持了他 19 年前在印度刚当上雀巢管理培训生时的势头。不久之后,他被派去担任亚太地区的高管,大家都在讨论他可能会成为这家投行的领导者。

然而,即使彭安杰在华尔街最知名的机构之一担任高管,他也面临一个棘手的问题——他惊讶地发现,自己在美国没有信用记录,这严重影响了他在这里扎根生活下去。

当回忆那些日子时,彭安杰说:"那时我租不到公寓,也买不到手机。""生活太糟糕了。"当时,他在曼哈顿的街道上徘徊,试图与外界取得联系。在美国电话电报公司(AT&T)的一家门店里,他把自己的新社保号交给了柜台后面的一名年轻男店员——巧合的是,这名店员是当地人,他认为彭安杰仅提供社保号是不够的。

彭安杰说:"我看着他说,'小伙子,我在印度长大,曾在海外工作过,这就是我的工作。你怎么能不卖给我手机呢?'我很难接受这件事。年轻人回答道,'我得需要一些能证明你有工作、有工资的证据。'"

彭安杰很快就带着美邦公司(Smith Barney)[①]的一份声明回来了,声明中详细说明了他在伦敦生活期间开设的私人经纪账户。店员看了一眼这份声明后笑着说:"你这么有钱,但没有信用记录。"在拿到手机之前,彭安杰的财富账单在管理人员之间来回传递,他花了好几个小时才得到后台部门的批准。相较而言,租房就更为复杂了,还需要花旗集团出具担保函。

2010 年,彭安杰成为金融服务巨头万事达卡公司的总裁兼 CEO,对于他

[①] 隶属花旗集团。——译者注

来说，这些都只是小问题。几年后，在某些场合，彭安杰向美国政府高层提出了外来人员在美国定居的复杂性这个问题。他说："我们的制度不是为移民建立的，而是为已经在这里的人建立的，这是一种排外的行为，我认为应该受到谴责。"

彭安杰将金融包容性作为他领导万事达卡公司这 10 年中的关键主题。万事达是世界上知名度最高的品牌之一，它拥有数十亿张信用卡和借记卡，处理着商家和银行之间的支付交易。他所考虑的远不止是只帮助那些有点小困难的纽约银行家摆脱困境而已。

在金融领域，银行是占大多数的参与者，是全球货币体系的主要成员，可以轻松地进行交易和储蓄。万事达卡公司的目标是让其他人也参与进来，向他们开放银行账户或电子钱包，让他们能够首次以数字形式存储资金并收付款。万事达卡是通往不同世界的通行证，是管理家庭财务的第一步，人们还可以使用它提供的其他金融服务，比如信贷和保险，甚至是创业或投资教育。

综上所述，这些措施确实可以提高生活质量、减少贫困和鼓励经济增长，其主要受益者是女性。根据全球普惠金融调查（Global Findex）2017 年的数据，在全球范围内，只有 69% 的成年人拥有自己的账户，17 亿人没有银行账户。2017 年，据联邦存款保险公司（Federal Deposit Insurance Corporation）的一项调查结果表明，1400 万美国人没有银行账户，这令人震惊的数字之所以有所改善，是因为万事达卡公司在 2014 年设定了一个目标——到 2020 年，将至少 5 亿非主流金融用户联系起来。这一任务成为"活动家彭安杰"的代名词。

活动家型领导者认为，他们的职责不仅仅是推动企业业绩增长，还要在追求利润的同时实现企业目标。他们冒着风险，把自己的企业当作一个平台，在这个平台上展示平等、多元化或更环保的世界愿景。他们冒着声誉受损的风险，满怀激情地为一项事业发言，经常把股东的资金用于做公益。他们具有上一章提到过的激情型领导者的激情，但又不止于此，他们还有更大的雄心壮志。

大约在上一代，领导者们靠着领导员工开发出优质的产品来与对手竞争。如今，这些活动家型领导者的观点吸引了千禧一代①的员工，对他们来说，薪水的多少只是接受应聘的一部分，这些观点也吸引了那些关心公益的消费者。政客们也喜欢那些能让他们所管辖的社区收益更高的企业。

一些活动家型领导者认为自己是有远见的人；还有一些领导者则谦逊得多。不过，两者都不应该被认为是穿细条纹衣服的瑞典"环保少女"格蕾塔·通贝里（Greta Thunberg）②。他们必须投身于开明的利他主义事业——做对企业和世界有益的事业。然而，讽刺的是，或许这项事业对他们自己的益处要大于对企业和世界的益处。在一个沉溺于意识形态主导的世界里，我们面临的挑战是如何在不忽视底线的情况下，将宏大的想法转化为具体的行动，并且还要通过令人信服的方式。

1996年，当彭安杰在花旗集团工作时，他无意间进入了小额信贷领域，并开始明白小额资金流可能会产生巨大的影响。彭安杰的一位同事在孟加拉国农村发展委员会（Bangladeshi Rural Advancement Committee，BRAC）从事贷款证券化业务，贷款证券化可以将低至几美元的交易整合在一起，以便那些处理巨大金额的银行处理这些交易。

彭安杰说："我开始明白，对这些机构来说，放开资产负债表、让它们能够继续做它们正在做的工作是多么地重要。"彭安杰还读了由印度学者C.K.普拉哈拉德（C.K. Prahalad）撰写的《金字塔底层的财富》（*The Fortune*

---

① 指出生于20世纪且20世纪时未成年，在跨入21世纪（即2000年）以后达到成年年龄的一代人。——译者注

② 瑞典青年活动人士、政治活动家和激进环保主义者。——译者注

at The Bottom of the Pyramid）一书。这本书于 2004 年出版，阐述了鼓励世界上最贫穷的人创业，以此作为消除贫困的一种方法。

"我也明白，慈善机构和政府没有足够的钱来解决我们的问题。这意味着我们必须让私营企业的资本、生产力和技术发挥作用。"彭安杰补充道。

自 2009 年在万事达卡公司工作以来，彭安杰就一直在思考如何将自己的雄心与公司的商业模式相统一。万事达卡公司在首次公开募股（IPO）时就成立了一个慈善基金会，该基金会致力于投资发展中市场的教育项目。不过，彭安杰知道，他不能把事业和慈善混为一谈。

早期与南非社会保障局（South African Social Security Agency，SASSA）的合作给他指明了方向。万事达卡公司能有助于将烦琐且容易发生虚假的现金福利系统数字化。在 2012 年，仅用四个月的时间，一种新发行的用于赠款拨付的借记卡将南非的银行储户比例从 63% 提高到了 67%。2013 年夏天，该计划的活跃卡数量达到了 1000 万张。

彭安杰开始做更多的事情，这场运动需要的是一个目标。2014 年，在由中央银行家、政治家、商界领袖和公民社会领袖组成的讨论世界现状的年度会议——世界银行和国际货币基金组织（International Monetary Fund，IMF）的春季会议上，彭安杰与世界银行（World Bank）行长金墉（Jim Yong Kim）、国际货币基金组织总裁克里斯蒂娜·拉加德（Christine Lagarde），以及联合国在这一问题上的特别倡导者、荷兰马克西玛王后（Queen Maxima）共同讨论普惠金融（financial inclusion）[①]问题。在会议结束前，马克西玛王后让彭安杰表明万事达卡公司的雄心到底有多大，在讨论到一半的时候，他突然宣布了 5 亿美元的目标。

---

① 普惠金融，又被称为"包容性金融"，其核心是有效、全方位地为社会所有阶层和群体提供金融服务，尤其是那些被传统金融忽视的农村地区、城乡贫困群体、微小企业。——译者注

他说：“她（马克西玛王后）差点从台上掉下来。从照片中可以看出，大家都狂笑不止。她对我说，'我本来以为你的目标只有5000万美元，你疯了吗？'虽然这是一个很难实现的目标，但我们还是成功了。"

一年后，这一目标作为"全球金融普及倡议"（Universal Financial Access by 2020）的承诺正式公布，万事达卡公司获得了来自高层的明确支持，也有了可供衡量的指标。每当彭安杰在世界各地的某个会议上出现时，总会被人们问及他的活动。但在这宏伟的形势下，并没有哪个单一的计划能够产生巨大的影响；相反，80多个国家发展了750个普惠金融项目，以应对如何实现收入平等的挑战。万事达卡公司没有在渗透率低的市场上采用大棒政策，而是采取激励措施吸引那些没有银行账户的个人注册账户。

例如，在埃及，该公司开创了一种让女性用银行卡收取赡养费的方法，这样她们就不必再去银行的支行以离婚人士的身份登记了。2017年在东非，数字平台2KUZE的开发联结了小农、代理商、买家和银行。在肯尼亚和坦桑尼亚，大多数农民可能只能耕种几英亩[①]土地，在使用手机进行交易后，他们就不需要再步行数小时去市场售卖他们的农产品了。如此万事达卡公司的目标已提前完成，并预计在2025年增加到10亿。这是彭安杰一直关心的事情，他在2021年1月就晋升为公司总裁。

这位活动家型领导者取得的成功不仅是靠自身的努力，还因为他能幸运地找到像万事达卡这样的公司。这是一家快速成长且利润极高的企业，且在彭安杰经营后更是如此。2019年，万事达卡公司的净收入增长至169亿美元，增长率为16%；净利润增长至81亿美元，增长率为42%。万事达卡公司的资产负债表上有90亿美元的现金及其等价物。它承诺为普惠金融项目投资5亿美元，虽然这是一笔不小的数目，但是它有能力做到。

---

① 1英亩≈6亩。——译者注

万事达卡公司具有相当大的国际影响力。该公司共为客户发行了26亿张信用卡（尽管其中许多不是实体卡），总交易额达到6.5万亿美元。它拥有遍及全球的交易网络，能够负担昂贵的技术投资，并能深入了解每个市场的当地需求。

了解该公司的背景也是十分重要的。它成立于1966年，当时是一家由美国多家银行组成的信用卡协会。2006年，它转型为一家私人公司，并在纽约证券交易所（New York Stock Exchange）上市，这在当时是美国历史上规模第12大的国内IPO。彭安杰在2019年接受高盛集团的采访时指出："它曾经是银行家们被解雇后再就业的地方，这是一份不错的工作。"

成千上万家金融机构的合作社也在合并的过程中形成了遍布世界各地的地区性独立组织。彭安杰的前任罗伯特·史兰德（Robert Selander）在将所有这些整合成一个系统整体的过程中取得了长足的进步。到了彭安杰领导公司时，它仍在摸索自己的文化和信仰。普惠金融是一场及时的运动，也是一股团结的力量。

彭安杰的判断是正确的。他敢肯定万事达不是在孤军奋战，他倡导发起的这一项运动精神带动了公司内外的其他人。万事达也与各国政府和国际发展组织合作。例如，在东非，2KUZE是在咖啡直接生产商基金会（Cafédirect Producers Foundation）的帮助下进行试点的[1]，并在比尔及梅琳达·盖茨基金会（Bill & Melinda Gates Foundation）的资助下开发的。

当然，普惠金融也不是完全利他的。与主要竞争对手维萨卡（Visa）争夺全球支付系统市场的万事达卡，显然希望招揽尽可能多的新客户。彭安杰

---

[1] 2KUZE在斯瓦希里语中意为"让我们一起成长"，它使农民可以通过他们的智能手机购买、出售和接收农产品的付款。这个平台为农民体会到了移动商务和电子支付的好处和安全性。2KUZE最初是与咖啡直接生产商基金会合作推出的，后者是一个直接与全球30万小农户合作的英国慈善机构，旨在改善咖啡种植世界的状况，让其获得可持续发展。目前，已有2000名肯尼亚的小农户使用这个解决方案来出售他们的产品，并与友好的中间商合作，以确保他们以最好的价格找到合适的买家。——译者注

还注意到，过多的金融科技初创企业威胁到了他的商业模式，而它们需要联合起来对抗的真正"敌人"其实是现金。然而，那些新加入的公司在很长一段时间内都将处于亏损状态。

"商业上的可持续性并不一定意味着立即盈利，"彭安杰说，"这只意味着，如果你在这方面投资了一段时间，那么这最终能让你们的业务经营得更好、管理得更好，你和你的员工的收入会更高。"

彭安杰成功地将一份普惠社会的事业与万事达卡公司未来的投资结合在了一起，同时也提高了收益。不过，并非所有的活动家型领导者都有值得骄傲的历史事迹。

反哺世界

2009 年，也就是彭安杰加入万事达卡公司的那一年，保罗·波尔曼加入了联合利华。人们熟悉的立顿（Lipton）茶、多芬香皂、本杰里（Ben & Jerry）冰激凌和家乐（Knorr）调味品等品牌遍布世界各地的超市货架。波尔曼曾在宝洁工作了 26 年，后来在雀巢短暂任职。他对消费品行业了如指掌，同时也清楚自己的想法。这位荷兰人对领导一个仅仅只是满足股东的短期需求、拥有稳健的销售增长和可靠的股息的集团毫无兴趣，他大胆地采取的首批重大举措之一就是放弃与股市共享的季度财务指导，向投资者保证一切都会按计划进行。

第二年，他更加大胆了——在一次备受瞩目的公众聚会上，他敢喝下一杯从泰晤士河直接取上来的水。2010 年 11 月，波尔曼发表了一份关于联合利华未来的声明，还谈到了联合利华的领导层。联合利华在伦敦、鹿特丹、纽约和德里开展的可持续生活计划（Sustainable Living Plan，SLP），将会占据他接下来10年任期的大部分时间。①

SLP与联合国的发展目标一致，该计划旨在改善数十亿人的健康和福祉，改善联合利华供应链中人们的生计，并且在不影响环境的情况下，该公司在未来10年实现可持续增长。波尔曼想要证明，联合利华可以产生持久的积极影响，比如借助净水系统净水宝（Pureit），能使浑浊的河水可以被安全饮用。

SLP的目标之一是提高联合利华的食品的营养价值，将发展中市场上额外的50万名小农户和分销商都加入联合利华的供应链中；尝试将与其产品相关的用水量减半。这一革命性的举措不仅改变了联合利华自身的环境状况，还改变了其供应商和消费者的行为。波尔曼评估说，公司可能会改变产品的特质以及营销策略来提升销量。例如，购买联合利华的洗发水的消费者会通过缩短淋浴时间来节约用水。

推动SLP最大的问题是，这一任务能否平衡股东利益与维护全球可持续发展之间的关系。联合利华也在给自己施加压力，希望在这10年内让公司销售额增加一倍。

"我们不认为实现可持续发展与增加盈利之间存在冲突。"活动家型领导者波尔曼在关于实施SLP的文件中写道，"生产和销售消费品推动了经济和社会的进步。世界上有数十亿人值得拥有更好的生活质量，而肥皂、洗发水和茶等日常用品可以提高人们的生活质量。"

这对联合利华来说并不是一个全新的领域。该公司追求利润的目的可以追溯到其创始人威廉·利华（William Lever）。一个多世纪前，他在威勒尔半岛的阳光港为他的肥皂厂的工人建造了房屋。与分享利润不同，利华为员工提供体面、负担得起的住房、便利设施和福利，他将这种理念称为"共享繁

---

① 这项计划旨在让全球10亿人过上可持续的生活，同时减少联合利华对环境的影响。该计划包括了三大目标：改善健康和福祉、减少环境足迹、增加社会影响力。——译者注

荣"。这个区域建立于1888年，拥有900多栋二级保护建筑[①]，和130英亩的公园和花园，至今依然存在。

谷歌CEO桑达尔·皮查伊（Sundar Pichai）也曾推动了房地产开发，以缓解位于旧金山总部员工的住房危机。尽管当今的活动家型领导者很少为其员工建造房屋，但他们在其他方面做得更好。如今，"共享繁荣"的内容不仅包括为员工提供福利，还包括为帮助公司接触到更广泛资源的人提供福利。

波尔曼是一位独特的领导者：他最初是一位活动家型领导者，有一些非常新颖的想法，但他推动这些想法的方式则很像一位首领型领导者。他高高在上、专横、健谈、世故，既能走上瑞士达沃斯世界经济论坛（World Economic Forum）的舞台，又能走上联合国（United Nations）的舞台，同时还能管理好自己的企业。

充满激情的波尔曼，如果选择在麦卡利斯特神学院（Carmelite seminary）学习，那么他可能会成为一名牧师——他将宗教般的狂热融入了他的商业领导方式，这使得他拥有许多批评者和仰慕者。他的可持续发展计划在一定程度上为他的政治生涯提供了动力，尽管从表面上看，他对产品开发、销售和营销的痴迷并没有做到这一点。

这也强化了他的形象。如果活动的目的是影响他人，那么除非它们被公开，否则这种活动很少能奏效。按理来说，大多数的活动家型领导者往往会通过媒体渠道来谈论他们的事业，不过波尔曼非常清楚，他的活动是在股东的要求下进行的。他在2013年承认："如果我没有业绩，马上就会面临威胁。"他上任四年后，联合利华的股价翻了一番。

波尔曼是一位能将很多东西浓缩在一份使命宣言中的领导者。多年来，

[①] 英国的保护建筑分为三个等级：一级保护建筑是具有代表国家重要性的杰出或特殊价值，仅占英国建筑总数的2%；二级保护建筑是非常重要的建筑但并不杰出，仅占总数的4%；三级保护建筑是其余有特别价值的建筑。——译者注

投资界的一些机构一直为了推动领导者采取更多的行动而努力。在英国，1999 年修订的《养老金法案》（Pensions Act）要求养老金受托人必须公布他们的投资政策在多大程度上兼顾了社会和环境因素。一年后，在更广泛的层面上，联合国启动"全球契约"（Global Compact）计划，倡导领导者在从反腐败到人权等领域要遵循可持续的原则。

虽然"在造福社会的同时提升公司业绩"这个想法不错，但并不一定能成功。"企业社会责任"（corporate social responsibility，CSR）概念逐渐演变为"社会责任投资"（socially responsible investing，SRI），然后是环境、社会和治理（environmental, social and governance，ESG）实践。只有企业领袖真正认同这些目标，才能从中获益。很多时候，优秀的企业在制定目标时会兼顾外界环境，与外界携手并进，共同发展。

当公司管理者和投资者明白，他们所支持的事业也能提升他们的价值时，突破就来了。此时，他们也能意识到自己应该这样做。掌舵的活动家型领导者们不仅希望被认同，而且在某种程度上也希望被支持与拥护。2006 年，安德鲁·卡索伊（Andrew Kassoy）、杰伊·科恩·吉尔伯特（Jay Coen Gilbert）和巴特·霍拉汉（Bart Houlahan）离开了商业和私募股权行业，希望能对社会有所贡献，便在美国成立了一个非营利组织——共益实验室（B Lab），为具有良好影响力的公司提供认证。截至目前，共益实验室已为 50 多个国家共 2500 多家共性企业提供了认证，评定它们的社会和环境表现是否符合高标准。

ESG 已经成为主流趋势，对于这一点，华尔街银行业巨头摩根大通 CEO 杰米·戴蒙于 2019 年 8 月主持的美国商业圆桌会议（Business Roundtable）[①]再明确不过了。他宣布，要提升所有利益相关者的价值，而不只是股东利益——如果他能言行一致，那么这将是一个重大的转变。

---

① 商业圆桌会议成立于 1972 年，由包括通用电气在内的美国巨头企业行政总裁共同筹组。——译者注

第 7 章　活动家型领导者

2020 年 2 月，英国石油公司新任 CEO 陆博纳（Bernard Looney）宣布了一个目标：到 2050 年，公司要实现自身的碳中和。在投资者真正了解他的企业战略之前，他就已经确定活动家型领导者的角色了——尽管美国和沙特阿拉伯之间的权力斗争导致油价暴跌，再加上因新冠疫情引发的封控而导致需求量下降，这些都在某种程度上弱化了他活动家型领导者的角色体现。撇开冷嘲热讽，如果这是当今英国最大的公司之一的运营方式——使命感重于股东回报，那么活动家型领导者的时代已经到来。

不过，波尔曼在联合利华任职后期发生的事件提醒人们，这些改革者必须保持微妙的平衡。他的领导方式因为一场不受欢迎的收购提议而备受关注。2017 年初，卡夫亨氏（Kraft Heinz）提出与联合利华合并，这将使两家有着截然不同的企业文化的公司组建成一个新的食品杂货巨头。与联合利华反哺世界的使命相比，卡夫亨氏一直是为投资者赚钱的工具。该公司由 3G 资本（3G Capital）投资，后者是一家由"巴西三剑客"①以及传奇投资者沃伦·巴菲特（Warren Buffett）创立的收购公司。他们采取在包装食品等低增长行业收购资产并大幅压缩成本的模式，这与波尔曼的理念相差甚远。

这场收购以失败告终，并引发了人们对波尔曼的策略的质疑。如果他对联合利华的经营能再上点心，或许就能扭转业绩不佳的局面，甚至也能更早地出售蓝带（Blue Band）和芙劳拉（Flora）这两个品牌。到 2017 年底，它以 68 亿欧元的价格被卖给了一家私募股权投资机构 KKR。一年后，波尔曼宣布退休。

在这个过程中，波尔曼又失误了。他在 2018 年 3 月宣布取消联合利华的双重股权结构——这是 1930 年利华兄弟与荷兰人造黄油联合公司（Margarine Unie）合并时遗留下来的制度，之后改为以单一实体取代双重股权结构。该

---

① "巴西三剑客"为豪尔赫·保罗·雷曼（Jorge Paulo Lemann）、马塞尔·赫尔曼·泰列斯（Marcel Herrmann Telles）、卡洛斯·阿尔贝托·斯库彼拉（Carlos Alberto Sicupira）。——译者注

声明遭到了英国股东的反对，这些股东不希望联合利华的股票从富时 100 指数中下跌，因为他们的许多基金都追随这一指数。有人批评波尔曼没有读懂投资者的心思，因为他把精力放在了别处。

与此同时，SLP 的结果喜忧参半。截至 2019 年的进展表明，在健康和卫生方面，联合利华实现了目标，不止惠及 10 亿人，而是惠及 13 亿人——通过勤洗手等举措帮助人们减少腹泻情况。然而，使用该公司产品的消费者的用水量（原计划是到 2020 年减少一半）其实是自 2010 年以来增加了 1%。而且，早在 2015 年的进展报告中，联合利华就将其产品在整个生命周期内减少一半温室气体排放的目标提前了 10 年。

该公司解释说："我们需要一个系统性的大变革，以实现我们的温室气体排放目标。"换句话说，光靠我们自己不行。波尔曼或许能够说服政客和投资者来认同他的观点，但消费者的行为却难以改变，因为他们通常产生了联合利华产品三分之二的温室气体排放（比如，洗涤用热水）。

一场活动是否成功，对于提出设想的领导者来说，是一个有利有弊的问题。一方面，设定一个艰难的目标，让大家团结起来——就像彭安杰在万事达卡公司所做的那样——可以激发讨论，召集团队，让同侪思考，并开始积极行动；另一方面，这也会将活动家型领导者推到风口浪尖：他们坚持认为他们的组织应该做益事，并暗示其他组织也应该这样做，这会引来外界对他们的批评和怀疑——批评者和怀疑者会认为他们没有把严格的财务纪律作为他们的首要议题。

如果联合利华的财务严重偏离轨道，那么波尔曼可能会被解雇，但他绝不会因未能减少用水和碳排放而被解雇。波尔曼在 2016 年的一次活动中说："我总是说我代表的是最大的非政府组织（NGO）之一。"这表明了他的想法。

2020 年 5 月举行的一场虚拟利益相关者活动，标志着 SLP 进入尾声。波尔曼的接班人、自 2019 年 1 月起担任 CEO 的乔安路（Alan Jope）说："联合利华的 SLP 是我们业务的变革力量。我们达成了一些目标，也错失了一些目标，但这是一次有意义的尝试。我们需要巨大的创造力、奉献精神和相互协作才能取得今天的成就。我们已经取得了非常好的进展，但仍有许多工作要做。"

联合利华方面承认，事实证明有时的确很难去衡量一些事情的影响力，比如在改善女性生活方面所做的努力，但 SLP 帮助公司吸引了优秀的人才。它还指出，下一个目标是联合利华指南针计划[①]，这是一个长达 15 年的后续战略，其理念是"使命带领品牌发展，使命引领公司永续，使命引导人们成长"。波尔曼的领导风格仍在延续。

可靠的项目策划

有些企业是有目标的，它们的领导者也是如此。作为创始人的领导者可以明确这一点，因为他们设定了企业运营的规则。事实上，企业的核心目标可能就是它最初成立的原因。尽管利润不能推动目标，但是一直以来，他们的目的都是寻找一个盈利模式来维持它。

巴塔哥尼亚是一家总部位于加利福尼亚州的户外服装公司，以羊毛夹克和雨衣闻名，该公司将 1% 的销售额捐给了环保事业。据悉，该公司关闭了线下门店和办公室，以便包括 CEO 罗丝·马卡里奥在内的员工能够加入气候

---

① 联合利华指南针计划是联合利华在 2020 年推出的一项整合的企业战略，基于联合利华 SLP 的 10 年经验和成果，进一步分解出 15 个优先事项，涵盖了联合利华所有业务范围和更广泛的生态系统。这些优先事项包含处理诸如包装和废弃物、性别平等、人权、公平价值，以及气候变化和社会包容等重要挑战。联合利华指南针计划体现了该公司在可持续发展领域的领导力和雄心，也为其他企业提供了借鉴和启发。——译者注

抗议活动。直到 2020 年 6 月，该公司仍有反消费主义的倾向，比如鼓励它的忠实客户去修补他们的衣服，而不是去买一件新衣服。2018 年，马卡里奥成立了"投票时间"（Time To Vote），这是一个致力于提高美国选民参与度的中立联盟，吸引了近 500 家公司的加入。

马卡里奥与 1973 年建立巴塔哥尼亚的创始人伊冯·乔伊纳德（Yvon Chouinard）步调一致。尽管这家私人控股公司在环保方面已经比许多同行做得更优秀，但随着气候危机变得更加严重，乔伊纳德希望加大力度。2018 年 12 月，该公司提出了更明确的使命："我们的使命是拯救我们的地球家园。"乔伊纳德还建议他的人力资源团队应该雇用最致力于改善地球环境的人。

汤姆布鞋（Toms Shoes）也找到了一种可持续的共生关系。创始人兼 CEO 布雷克·麦考斯基（Blake Mycoskie）也是一位活动家型领导者，他的生意兴旺与公益事业密不可分。他在阿根廷旅行时看到了许多孩子没有鞋子穿，成长面临着困难。于是，麦考斯基决定，汤姆布鞋每卖出一双鞋，公司就给有需要的人捐赠一双鞋。多亏了他广为复制的"一对一"模式①，自 2006 年起，公司已赠送出去 8600 多万双鞋，如今公司的业务已扩展到太阳镜和咖啡行业。

2014 年，私人股权投资公司贝恩资本（Bain Capital）以 6.25 亿美元的价格收购了麦考斯基 50% 的股份，这说明麦考斯基已经弥合了利润和目标之间的鸿沟。2019 年，有证据表明做公益并不能保证良好的业绩，当时汤姆布鞋被其债权人接管，因为有迹象表明消费者已经厌倦了"一对一"这个概念。

非创始人的领导者必须更加谨慎，但这并不代表他们会更艰难，只是说他们和身为创始人的活动家型领导者不同而已。这两类领导者都有可能在确

---

① "一对一"模式是指一种商业模式，即企业每卖出一件产品，就向有需要的人捐赠一件同样或类似的产品。这种模式既能提高企业的社会责任感，又能吸引消费者的购买意愿，从而实现商业和社会的双赢。——译者注

定一个新的目标或是有效的方法方面因过于超前而遭到嘲笑，但这并不意味着他们是错的。约亨·蔡茨就是一个很好的例子，他在 10 年前就提出了如何推动企业和环境议程的观点。

快步前进

约亨·蔡茨因对跑鞋品牌彪马进行改革而成名，他曾在彪马担任了 18 年的董事长兼 CEO，直到 2011 年卸任。他在有限的预算下，重新唤起了人们对这个曾经被巴西传奇足球运动员贝利（Pelé）穿过的品牌的热情。这个品牌重点关注非洲的低价球队和运动员，凸显了从耐克和阿迪达斯品牌销售过程中学到的冒险精神。他还很幸运地签下了后来成为 100 米短跑世界纪录保持者的年轻人尤塞恩·博尔特（Usain Bolt）。

蔡茨所做的事情为他的职业生涯奠定了基调，他把可持续发展策略作为彪马复兴的核心和优先事项。由于资源短缺，这不是一个每位 CEO 都会做出的决定，也不是一个能够用来作为突破销量的营销策略。蔡茨设计了一个环境损益账目，用来计算该公司运营发展所消耗的地球生态资源成本，包括空气污染、土地使用、水使用和碳消耗，这个环境损益账目在他执掌公司的最后一年才首次公开发布。

如今，彪马公司表示："这样一来，我们就把环境当作一个平等的合作伙伴，让它为我们提供干净的水和空气、恢复土壤和大气，以及分解废弃物。"

对集团决策层来说，肯定更容易支持这种方法，因为彪马并不是市场的领先者。像许多挑战者品牌一样，它准备进行试验，寻求差异化。蔡茨最初的观点可能受他年龄的影响，因为他在 1993 年执掌彪马帅印时只有 29 岁，三年前他辞掉了纽约高露洁棕榄公司（Colgate-Palmolive）营销经理的工作后，回到祖国德国，以营销人员的身份加入了彪马。

蔡茨明白，成为一名成功的活动家型领导者的秘诀就是在各个方面争取胜利，任何生产产品、雇用员工、创造利润的公司都有广泛的利益相关者。在他的方法中也有一种反复试验的感觉。

有着浅黄色头发、外表酷似摇滚明星的蔡茨镇定自若地说："你知道，最终推动这一进程的不是一件事情，而是很多事情的结合。我们越是试图找到切实可行的解决方案，就越有可能找到解决方案。"

对于任何一位高效的活动家型领导者来说，关键是要有自己的使命，就像波尔曼和彭安杰所做的那样。有一天，跑步鞋包装盒的侧面会标明在制作过程中消耗的"环境卡路里"——就像麦片包装上列出糖和盐的含量一样，这一想法在刚被提出时似乎有点不切实际，但蔡茨自信地认为这是正确的选择。他认为，一个利益相关者群体（即投资者）会开始关心另一个群体——消费者，而消费者是一个庞大的群体。

时装业的碳排放量占全球总量的10%，比国际航班和海运的总和还要多。考虑到每年迅速提高的产量和推出的系列产品，服装制造商正面临重新思考商业模式的压力。有的消费者也承诺在一年内不买任何新衣服来进行"服装斋戒"。

2011年，蔡茨从彪马的领导职位上退下来后，为收购彪马的法国奢侈品公司开云集团[①]效力。他为开云集团旗下包括亚历山大·麦昆（Alexander McQueen）和古驰（GUCCI）在内的多个品牌引入环保损益管理理念，但他给人留下一种这份全职工作妨碍了他的使命的印象。在2015年的一次谈话中，他曾表示："能够把我100%的时间投入到能带来更多影响的业务上，而不仅是进行运营，这就给了我一个更大的平台。"

---

① 2007年，开云集团以53亿欧元的价格收购彪马。——译者注

他还帮助哈雷戴维森（Harly-Davidson）开发了一辆电动自行车，并在他的位于肯尼亚的五万英亩的牧场上饲养了濒危物种。他与理查德·布兰森一起创立了"B团队"（The B Team），由包括印度实业家拉坦·塔塔（Ratan Tata）在内的商界领袖组成。[①]塔塔认为，对于企业来说，存在着比"A计划"（Plan A）（即对利润的不懈追求）更重要的东西。

相比之下，彪马最初的利润就不那么尽如人意。到2013年，尽管彪马获得了一系列高调的赞助，但仍未能实现其财务目标。到2018年，母公司开云集团将其剥离[②]，以专注于高端奢侈品牌，这才使情况有所好转。在五年内，集团的毛利率从46.5%提高到48.4%，基本利润从1.91亿欧元增加至3.37亿欧元。

值得一提的是，彪马的环保损益占收入的比例在同一时期下降了13.6%，这意味着该品牌对地球的影响在显著降低。这个例子说明，这位活动家型领导者在带领一家陷入困境的公司走出危机时表现得很好，他离开公司之后也是如此。仅靠利润很难证明，到底是更大的盈余为公司提供了持续努力的动力，还是良好的环保理念促进了公司的销售。但在彪马的案例中，有强有力的证据表明，这两者并不一定是相互排斥的。

蔡茨和彪马的努力并不是徒有其表的。菲利普莫里斯国际集团公司（Philip Morris International，PMI，简称"菲莫国际"）是世界上最大的烟草公司之一，其CEO安德烈·卡兰佐普洛斯（André Calantzopoulos）认为自己很难适应活动家型领导者的角色。他是一个身材矮小、性格热情、有点急性

[①] 全球非营利计划"B团队"于2013年成立。在这个计划中的商业领导者将携手为全球各地的企业带来全新的经商方式，即在追求利润的同时，兼顾人类和地球的福利，这种经商方式被统称为"B计划"。"B团队"初步将应对三大挑战——未来领导力、未来营收和未来激励措施，从而在人类和地球长期福利的问题上取得平衡进展，并使企业不再只重视短期获利。——译者注

[②] 2018年，开云集团将彪马的70%的股份剥离给股东。——译者注

子的希腊人——让一个语气粗鲁的万宝路公司①的人来试图劝服全世界戒烟，这几乎是不可能的。

他在介绍菲莫国际推出的 iQOS 无烟香烟时说："我希望我们的努力能得到社会的赞赏。"②这款香烟采用了"热不燃"的技术，根据菲莫国际的研究表明，这种技术释放的有害物质比传统香烟要少得多。

这让人感觉不像是该公司在追逐利益的同时还在坚持目标，而更像是其自我辩护行为。2015 年，该公司仍销售了 8470 亿支香烟，2019 年销售了 7070 亿支。由于核心业务的业绩持续下滑，因此菲莫国际希望未来能有一种利润率更高、税率更低的香烟产品，它希望能说服美国食品药物监督管理局（Food and Drug Administration，FDA）向消费者推销这种比传统香烟更安全的产品。

卡兰佐普洛斯的做法很值得称赞：2008 年，他被任命为菲莫国际的 COO，当时菲莫国际已从奥驰亚集团（Altria）拆分出来了，他自 2013 年起担任 CEO。在其他烟草公司争先恐后地加速研发和制造新产品时，他能在其中脱颖而出，显然超出了预期。然而，这在大烟草公司（Big Tobacco）承认吸烟会导致肺癌和肺气肿，并以高昂的代价解决了法律索赔仅 20 年后，这是一个令人难以置信的"大马士革式转变"（Damascene conversion）③——首先是公司的转变，然后是自 1985 年加入公司以来就一直在销售传统香烟的公司领导者的转变。

---

① 菲莫国际是万宝路的母公司。——译者注
② iQOS 烟弹是一款由菲莫国际生产的加热式烟草和电子烟产品，于 2014 年 11 月在日本和意大利首次推出。iQOS 的大部分产品都是加热而不燃烧烟草的设备。iQOS 与电子烟的区别在于，电子烟不使用烟草叶，而是加热装置内或专用盒内的液体（液态），产生蒸汽（雾化）；烟弹则使用真正的烟草叶。——译者注
③ "大马士革式转变"是指一个突然的、根本的态度、观点或信仰的改变。这个词语出自《圣经》中的故事，讲的是保罗在前往大马士革的路上，他因看到了耶稣的异象而从犹太教转向基督教。——译者注

菲莫国际和卡兰佐普洛斯没有放弃。一个名为"不吸烟"的广告活动打出了这样的标语:"你要是不吸烟,就不要开始;你要是吸烟,就戒烟;你要是戒不掉,就换一种。"从个人角度来看,他也觉得对全球健康产生积极影响是一件好事。他说:"经常被人骂是一种不愉快的体验。"

最终,这位备受争议的活动家型领导者成功了。2020年7月,菲莫国际获得了FDA的批准,将iQOS作为一种风险更低的烟草产品上市——这是第一个获得许可的电子烟。卡兰佐普洛斯说,FDA的决定是公共卫生的一个历史性里程碑。"如今,美国数千万名烟民中,有一些人会戒烟,但也有一些人不会。FDA认为,已有科学研究结果表明,用iQOS彻底代替传统香烟,可以减少人们接触有害或潜在有害化学物质的机会。"

使命感

德里大学(Delhi University)经济学毕业生彭安杰在21岁时开始找第一份工作,他只有两个要求——全球性的公司、发展向好,食品和饮料巨头雀巢公司符合他的这两个要求。

每一位领导者的职业生涯都是由他们早期的经历决定的。激情型领导者成功地在他们最感兴趣的事物中打造了一份事业,而完成在董事会上推动变革的使命这件事上,活动家型领导者做得更好。

彭安杰在印度的成长经历,使得他在商业领域见多识广,也具有全球视野。印度是一个有着多元宗教和文化的国家,他的父亲是一名高级军官,需要经常更换工作地点,所以他从小便跟着父亲四处游历。彭安杰的善良受锡克教及其创始人那纳克(Guru Nanak)的影响——那纳克的父亲是一名商人,那纳克用父亲给他的钱为路边的饥民购买食物。普惠金融是万事达卡公司为推动社会有更大的包容性做出的贡献。"这和你的长相如何、来自哪里无关,而取决于你是个什么样的人。"彭安杰说。

从担任国际乐施会（Oxfam International）多年执行董事的温妮·拜恩伊玛（Winnie Byanyima）的早期经历中，我们可以总结出她后来成为一名高管的原因。拜恩伊玛的领导热情来自她的父母，他们生活在乌干达前总统伊迪·阿明（Idi Amin）残酷的政权下。拜恩伊玛的父亲是当地的一名政客，曾因拒绝效忠执政党而多次入狱，她的母亲是一名女权运动者。

童年时，她与五个兄弟姐妹生活在一起，家里常会来一些遭到反对或受压迫的人，以及土地被夺走或权利被剥夺的人。这样的状况似乎意味着生活的艰难，但拜恩伊玛坚称这样的经历造就了她的性格。她在2015年说："那是一段快乐的时光，它塑造了我，使我在成长过程中能够勇敢地向权威亮剑。"

拜恩伊玛在17岁时逃到英国，并在2013年成为第一个管理国际发展机构的非洲人。国际乐施会是一个由17个国家组织组成的联盟，活跃于96个国家，在医疗保健、教育和许多平等运动方面开展了一系列活动。2019年底，她继续领导联合国艾滋病联合规划署（HIV and AIDS，UNAIDS），该规划署旨在协调应对艾滋病的全球行动。

海伦娜·莫里西（Helena Morrissey）自上而下地处理了一些不公平的问题。这位"活动家"并不是在故意惹事，但有些事情却突然出现在她正常的工作生活中。她的30%俱乐部（30% Club），是她2010年11月在高盛集团伦敦总部的商界领袖午餐会上构想出来的。

当谈到女性该如何打破伦敦金融城的职业天花板时，时任牛顿投资管理公司（Newton Investment Management）的CEO莫里西，为了不让她在几周后主持的下一次聚会变成一个无聊的清谈场，她开始联系富时100指数公司的董事长们，要求他们承诺，到2015年，公司董事会中女性持股的比例要达到30%——这一比例远远高于当时12.5%的水平。

这个话题很契合莫里西，她在伦敦金融城的职业生涯中也曾遭遇过不公。她从剑桥大学毕业后，加入国际知名资产管理集团施罗德（Schroders），成为16人组成的债券交易员团队中唯一的女性。25岁那年，在她生完第一个孩子休完产假回来后，莫里西错过了升职的机会，她决定寻找其他的职业机会。于是，她来到了牛顿投资管理公司。有意思的是，1995年，她的资深贸易伙伴因为要生孩子离开了公司，从此她接连升职。

她的30%俱乐部与英国政府的多元化运动同时进行，后者的目标略温和一些。突然间，仿佛所有人都加入了这一潮流，但彬彬有礼、坚定果断的莫里西脱颖而出。自身管理着牛顿投资管理公司数十亿美元的资产，莫里西可以有理有据地指出，平衡的董事会将有利于公司的发展。身为九个孩子的母亲，不知她是如何做到可以丝毫不受家庭生活影响的——许多职业女性的职业生涯皆因家庭而受挫。2014年6月，该俱乐部扩大到美国，目标是到2020年，在标准普尔100指数（S&P100）的董事会中，女性董事的比例达到30%。

莫里西在2012年的一次采访中说："我觉得，未来人们会越来越关注一家成功的公司到底具备哪些特征。""这可能会对改革的速度产生很大影响，因为公司董事长不喜欢被投资者烦扰。"

尽管莫里西有着强烈的使命感，但直到2018年9月（比预期晚了三年），富时100指数的公司才全部实现了她近八年前设想的目标。下一个目标是到2020年底，富时指数前350家的公司（即包括富时100指数以外的250家公司）董事会中的女性董事的比例达到30%，这一目标在2019年9月就提前完成了。

莫里西发起的集体反抗，针对对象包括投资者、猎头公司、董事长和董事，是为了纠正一个明显的不公而取得的胜利。令人震惊的是，由于这场运动的连锁效应，即使达到30%的女性懂事比例，与所付出的代价相比，这种成功得不偿失。这可能会促使更多未来或现任的女性 CEO 更快地"多元化",即从一份全职工作转向多份兼职、非执行董事工作。尽管这是一场受欢迎的运动,但它很可能耗尽了本已有限的女性领导者。这种为女性争取权利的运动可能会引人注目,但同样也牺牲了她们在其他领域获得进步的机会。

莫里西没有被吓倒,而是继续推进这场运动,并根据之前的经验改变了策略。她的下一个目标是在 2016 年启动的多元化项目(Diversity Project),该项目敦促储蓄和投资行业建立更包容的文化。这是对伦敦金融城的一个行业领域的深入探索,在 50 家签署协议的公司中寻找各种方式改善以达到多元化——BAME(非裔、亚裔、少数民族)、残疾、性别等。由于这个项目没有具体的数字目标,因此不会引起人们对真正改变的注意力。莫里西在发布会上说:"为了确保投资和储蓄行业能适应现代化,并能拥有代表社会做出有效决策所需的认知和经验,他们现在必须要寻求广义上的多元化转型方法了。"

结论

之前,企业和其领导者采取非股东利润最大化的商业模式似乎有悖常理。不过,那个时代已经过去了。

事实上,同时承担多项任务会增加其中一个角色失败的风险(精明的领导者认为最好尽可能地降低这一风险),但如果不能支持一项惠及整个社会的任务,风险就更大了。当今社会对"尽可能多的利益相关者参与"的要求是如此之高,以至于企业领导者要想获得成功,就必须在一定程度上成为活动家型领导者。

然而,并非每一位领导者都能应对这样的挑战。作为一位卓越的活动家型领导者,如何充分利用平台,对其客户、员工、供应商和投资者的了解程

第 7 章　活动家型领导者

度有多少，都是对他们的考验。如果领导者必须要做出改变，走上一条特别的道路，那么他们选择拥护的东西必须是令人信服的——它的受众必须足够广泛，让所有员工都能为之做出贡献，并为之自豪，且必须与企业本身有关联。这项事业必须有可实现的目标，才能保持每个人有兴趣去做。这绝不是为了提高销售额而哗众取宠——尽管看上去很像这样。

所有这些都说明了活动家型领导者的个性为什么如此重要，原因可以是很个人化的，因为他们的一举一动都会影响公司。他们必须相信自己所做的事情，这就是活动家型领导者往往一部分是首领型，一部分是激情型（即结合了强大的意志力和强烈的激情）的原因。

让我们再来回顾前文提到的海伦娜·莫里西和温妮·拜恩伊玛的案例，两人都是活动家型领导者，有很多共同点，都渴望纠正她们在个人生活和职业上遇到的错误。她们的不同之处在于，前者是为了赚钱，后者则是为了实现目标而筹款。有目标的利润增长反映了盈利的目的——换句话说，慈善机构为了实现自己的目标，采取了更加商业化的行动。

企业和慈善机构所需的领导素质之间的区别被渐渐模糊。国际乐施会在2020年财政年度的收入已超过10亿欧元——这些收入包括政府拨款、筹款和零售收入。领导者必须争取客户支持，并在实现目标之前获得一定的利润。

"我们不是慈善机构"这句话以前是被用来奚落那些被指责行事不够务实的人的。如今，企业领导者应该受慈善机构领导者的鼓舞——他们的目标非常明确，在以志愿者为主的工作队伍中激发热情，严格控制成本，建立伙伴关系，最大限度地发挥自己的影响。对于那些信任至上的慈善机构领导者来说，他们可以从企业经营所需的纪律和良好治理中汲取经验。

活动家型领导者也可能会在下一章中出现，善于交际的外交型领导者能够让所有利益相关者在营利和非营利环境中都保持快乐，他们既是管理者，也是领导者。

chapter
08

第 8 章

外交型领导者

> **优点：**
>
> 善于倾听以收集证据、善于沟通并寻求共识、主张改进而非彻底变革。

> **缺点：**
>
> 谨慎、因循传统，可能需要依靠外界指示来提高工作效率。

适合：合伙公司，拥有广泛利益相关者的组织。

你可以在哪里找到他们：他们是被员工投票选中的，或者是被推荐到组织高层的。

顶级声乐团

在伦敦郊区，有一座世外桃源般美丽的秘密花园，英格兰人常常在阳光明媚的仲夏午后来到这个丰富多彩的公园，享受美味的蛋糕和茶点，欣赏伦敦郊区美丽的绿色风景；公园的中间有一条清澈的小溪，将停车场和咖啡店隔开。穿过溪上的小桥，可以看到一群可爱的孩子在一排彩色的植物园拼图上兴高采烈地欢呼、玩耍。

欢迎来到莫登厅公园！这里远离破旧的莫登镇中心，位于伦敦地铁北线的南端，对于大多数温布尔登当地人来说有点太远了。在漫长的岁月里，它几易其所——这里曾是鹿园，是20世纪40年代电影明星聚会的场所，也是烟草工厂的所在地。而现在，这里是家庭野餐、散步或嬉戏玩耍的最佳地点。

位于公园中心的是建于18世纪的奶油色大厅，它也经历了相当大的改造——它曾是男子学校、军事疗养所，如今还成了婚礼场地。这个公园的所有权曾归属于一个大家族，并被其掌管75年，户主去世后，主要遗产被移交给了英格兰、威尔士和北爱尔兰保护组织——英国国家名胜古迹信托（后简称"国民信托"）。1980年，该慈善机构正式接管了这座公园，与其掌管的其他著名资产一样，这些资产的遗产税或运营成本对长期管理人员来说是难以承受的。

如果国民信托是一家企业，那么在莫登厅公园漫步就相当于参观企业。不过，这家企业远不止是一家以产生可持续的财务回报为核心的企业。作为英国国宝的保管者，它保管着包括北爱尔兰的巨人之路（Giant's Causeway）、北约克郡的方廷斯修道院（Fountains Abbey），以及大量的豪华住宅和780英里长的美丽海岸线，比普通的上市公司涉及的面更广，人员更多。

如此广泛的运营范围给它的总经理带来了巨大的挑战和机遇。直到2018

年 3 月，这一职位一直由海伦·高希爵士担任，她是一名严肃但友好的前高级公务员。在这次去莫登厅公园的特别之旅中，她在夹克上别了一枚姓名徽章，先是前往花卉商店了解交易情况，随后去了重新建造的马厩院子，那里有茶水和糕点在等他们。

如果说首领型领导者是凭借坚定的意志或无情的竞争创造出来的；活动家型领导者抓住了机会和平台做出改变；那么外交型领导者则运用了一种更为温和的领导形式。他们往往受周围的环境影响，既有温和的一面，又有严肃的一面。与其他类型的领导者相比，外交型领导者之所以能取得今天的成就，主要是因为他们获得了同行的认可，他们大多诞生于具有民主氛围的私营企业，承诺会按照自己的宣言行事。

但是，他们也要权衡利弊，代价是可能以协商一致方式管理公司的风险。外交型领导者必须展现出企业可接受的态度，并通过由不同利益相关者的力量组成的科层组织[①]来管理公司。这些利益相关者可能拥有公司的合伙股份（例如，一家律师事务所或会计师事务所），或者只是认为他们拥有。

自上而下的领导方式在拥有大量知识型员工的公司里行不通，领导者需要倾听员工的想法。不过，就算进行了开诚布公的谈话，在像国民信托这样的组织中，传统的领导方式却依然具备压倒性地位。这需要一种微妙的领导风格——一位能带着人们一起掌舵的外交型领导者，其效率不会低于一个试图用自己的思想和行动支配一切的领导者。

在许多组织都在面临日益减少的利益来源时，国民信托却发展了 560 万名会员，是英国最大的会员组织。它开展了一项旨在引入更年轻会员的招募活动，截至 2017 年，这项活动帮助国民信托在六年多一点的时间里签下了 500 万名会员。相比之下，前 100 万名会员花了 86 年才招募到——1895 年，

[①] "科层组织"（bureaucracy），又被称为"官僚政治"，这个术语是行政人员的集合名词，指行政的任务和程序。——译者注

三位充满激情的维多利亚人成立了国民信托,其中包括希望保护户外空间的社会改革家奥克塔维亚·希尔（Octavia Hill）。

与汽车协会的 320 万会员相比,国民信托更受欢迎。因为那些加入汽车协会的会员只是以防车子在路边抛锚,他们或是宣誓效忠英国执政党保守党的 19.1 万人,或是越来越少地在每个星期日早上去教堂的那群人。

国民信托的工作职责是保护这个国家的历史传承,这份责任凝聚了各行各业的利益相关者。创始之初,国民信托曾负责管理历史建筑、当地利益团体、镇议会、野生动物俱乐部,拥有 1.4 万名长期和临时员工以及 6.5 万名志愿者。国民信托的管理结构规模也在扩张,它拥有一个 36 人的理事会（其中一半由会员选举产生）,这个理事会负责制衡由 12 人组成的董事会,国民信托当前面临的挑战是如何让他们团结起来。此外,国民信托的工作职责还包括协调和处理民族意识,他们会借助《每日邮报》或《卫报》的报道来告诉人们,他们认为历史遗产应该如何处理。

做这种事的人往往是自然资源保护主义者或类似的人,但海伦是个例外,她是一个精通外交的人,她在英国政府当了 33 年公务员。公务员是从事国家核心工作的人员,必须保证高度的政治意识和严谨的工作态度。在英国前首相玛格丽特·撒切尔最喜欢的情景喜剧《是,大臣》（Yes, Minister）中,公务员被讽刺为狡猾的汉弗莱爵士（Sir Humphrey）。

如今,在一个看似无休止的政治动荡时期,很多企业的领导层都频繁更换。英国脱欧给这些领导者带来了更大的压力,他们被要求在确保公司独立运转的同时还要支持政府工作,但又不能像他们的竞争对手美国那样变得完全政治化。在政治喜剧《幕后危机》（The Thick of It）中,英国首相的政治顾问马尔科姆·塔克（Malcolm Tucker）直言,他将国民信托看得无足轻重,完全不放在心上。他是少数敢于说出心里话的人。

在海伦掌管国民信托的六年里,她经常感觉自己做的每件事都会遭到批评，比如，称赞风车的美丽、提高老年人的门票价格、花高价购买湖区的农田、参与气候变化的辩论、通过减少展出的文物或在展厅的地板上散放坐垫来简化展览空间，以便人们可以沉浸式感受神圣的展厅环境。

其中一些只是小抱怨，海伦明确表示她不会受这些言论影响。她解释说，她的职责不仅仅是物资保管。她说："环境保护是一个动态的管理过程，而不仅仅是保持事物本来的样子。"这是一个需要达成共识的观念，尽管她的外交型领导风格已经帮她在政府层面上达成了共识，但在实际管理时，有时却难以实现。

2015年，海伦在接受采访时说："作为一个非常理性的人，要知道情商和智商一样重要，尤其是当你正在领导变革时，这是一个沉痛的教训。"

具有讽刺意味的是，就在国民信托就其大力改善的财务状况所赋予的选择权进行谈判时，批评声也随之而来。就像莫登厅公园多年来场所的变化一样，它的母公司也改变了策略。它就像是一艘需要缓慢转弯的巨型油轮，截至2019年2月，其年收入为6.34亿英镑。在海伦看来，这意味着要决定如何每年花费1亿英镑进行定期维护和翻新，或是收购和维护沿海土地和农田。

最终，这些战略决策必须由某个人做出，无论领导层是否存在分歧。回顾她的职业生涯，海伦把自己描绘成一个诚实的中间人，需要面对复杂的组织挑战，比如，重建破败的伦敦东部，引入新的税收抵扣计划，以及合并两个税务机构——国内税收和海关。后来，她升任英国内政部常任秘书，并强调了自己的合作能力。她说："在我的职业生涯中，最重要的一句话就是，'这不是一场竞争'。"海伦于2018年离开国民信托，成为牛津大学贝利奥尔学院的院长。

外交型领导者取得成功的方式并不重要，无论是合作还是谈判，只要不给组织带来灾难即可。国民信托需要先被人注意到，然后再谨慎发展，这是一个对领导类型要求严格的组织。

有一种学派认为,"掌权"是一种过时的概念,通过包容性获得成功是首领型领导者管理企业的现代解药。不过,缺乏"掌权"的领导力不能被称为优秀的领导力,领导者不应该为了适应利益相关者而从根本上调整自己的行为。许多外交型领导者都能很好地融入进来,因为他们都是直接从他们领导的人群中被挑选出来的。

白领军团

近几年,伦敦的城市面貌焕然一新,错落有致的摩天大楼拔地而起,象征着国民财富的奢侈品店和精品店沿着针线街和康希尔(Cornhill)鳞次栉比。2018 年,食品杂货商威廉·福特纳姆(William Fortnum)和休·梅森(Hugh Mason)创办了最初的商业中心之一——皇家交易所(Royal Exchange)。

平方英里城(Square Mile)[①]的交易少了些喧闹,多了些专业化:大型计算机、算法、指数化的交易方式代替了喧闹的公开叫价形式。伦敦金融区已经扩张至整个伦敦,向东延伸至金丝雀码头,甚至远至拥有奥林匹克体育场的斯特拉特福德区,向南延伸到伦敦市政厅。

在放贷宽松、道德失范的时代,稍有起色的银行已经受到了新法规和新领导者的制约。随着新兴银行开始挑战老牌银行和保险公司的霸权,初创公司向曾有"古老财富圣殿"之称的布罗德盖特圈发展,科技已经逐渐渗透到整个金融城。良好治理、风险控制、工作场所平等和多元化的重要性都得到了提升——尽管在这些领域还有很大的提升空间。

然而,在这个发展迅速、竞争激烈、光鲜亮丽、全球化、高科技的城市

---

① 指伦敦金融城,这里是银行和金融机构的聚集地。——译者注

的表面之下，还有很多东西保持不变，那就是遍布伦敦的律师、会计师和顾问群体，以及在伦敦金融城徘徊以寻找客户和佣金的白领大军。如今，他们可能正在执行着不同的任务——他们已经减少了纸张的使用，取而代之的是运用智能手机、人工智能和数字化工作，但核心的企业咨询服务（比如，融资、交易、保险、合规、战略和重组等）几乎没有变化。

这类公司的结构大多如此，而不是像 1986 年伦敦金融大爆炸[①]取消对海外公司的所有权限制时出售的券商和商业银行那样致富。从那时起，财务人员和法律专家们就一直在悄悄地赚钱，他们维持着合伙人模式，这意味着每个人——至少是某个骨干同事——每年都要分一杯羹。

这些公司没有股东可以向那些日复一日对其前景发表持续评论的上市公司报告；相反，同事们对彼此负责，对他们的客户负责，对他们的未来负责，这推动了他们每年对公司的投资，以跟上竞争的步伐。最具讽刺意味的是，这些公司都是"安全第一"的公司，尽管它们在表面上表现出了变革，有时还会告诉客户抛开一切重新开始。他们的保守旨在保护他们的特许经营权能够高于一切。

这些公司包括四大会计师事务所——德勤、普华永道、安永和毕马威，以及"魔术圈"[②]中的年利达（Linklaters）、富而德（Freshfields）、安理国际（Allen & Overy）、高伟绅（Clifford Chance）和司力达（Slaughter and May）等，还有少数几家咨询公司，它们像选择产品供应商和制定价格策略一样谨慎地选择领导者。通常情况下，男性是较为稳妥的选择，但仍有少部分领导者是女性。这些领导者大多工作年限长，精力充沛、聪明、体面，或许还有点无

[①] 指英国在 1986 年由撒切尔政府领导的伦敦金融业政策变革，旨在大幅度地减少监管。变革后，外国财团被允许购买英国上市企业，伦敦金融城投资银行和经纪公司的构成和所有权由此发生了翻天覆地的变化。金融城引入更国际化管理的作风，使用电脑和电话等电子交易方式取代了过去传统的面对面谈价，使竞争激烈程度剧增。——译者注

[②] "魔术圈"指英国五家最大的也是最优秀的商业律师事务所。——译者注

趣，看上去有些许冷漠。然而，一旦出现问题，身为带头人的他们就能首当其冲，为公司查漏补缺，并适当地表达自己的意见，他们很少出言不逊。他们肩负着数以百计的高薪合伙人的期望，是独一无二的外交型领导者。

戴维·斯普劳尔深得同事们的信任，因为他在创建现代德勤的过程中所扮演的角色，已成为该公司民间传说的一部分。他的前一家公司安达信会计师事务所（Arthur Andersen）在美国的业务因被卷入安然事件[1]而濒临倒闭。安然曾是世界上最大的能源、商品和服务公司之一，2001年被发现实施了大规模会计欺诈，安达信也因此被追责。[2]

2002年4月，作为英国律所的CEO，斯普劳尔被派往纽约与竞争对手德勤谈判出售事宜。对于数以百计的合伙人伙伴来说，他们的财富与安达信紧密相联，这一切都取决于斯普劳尔此次能否出色地完成工作。这项工作所花的时间比斯普劳尔想象的要长——本打算三天时间完成的工作却耗时近两周，但最终交易还是成功了。10年后，他被选为扩张后的新公司的高级合伙人兼CEO，并于2011年接管公司。

德勤发展迅速，在斯普劳尔的八年任期内，至2019年其英国和瑞士合资公司的员工人数增加了一半以上，达到1.9万人，其中包括700名股权合伙人。公司的收入几乎翻了一番，达到40亿美元。

不久前，德勤及其同行中的领导者还喜欢在任职的公司里低调行事，但随着对该行业的严格审查，尤其是对离岸税务咨询和审计领域的一系列高调行动失败后，这已不再可能。这些外交型领导者不得不挺身而出，为自己的

---

[1] 安然事件，是指2001年发生在美国的安然公司破产案以及相关丑闻。2001年12月2日，安然公司突然向纽约破产法院申请破产保护，该案成为美国历史上企业第二大破产案。这一事件严重挫伤了美国经济恢复的元气，重创了投资者和社会公众的信心，引起美国政府和国会的高度重视。——译者注

[2] 2001年6月，安达信曾因审计工作中出现欺诈行为被美国证券交易委员会罚了700万美元。位列世界第一的会计师事务所安达信作为安然公司财务报告的审计者，既没审计出安然虚报利润，也没发现其巨额债务。——译者注

公司树立形象——在某种程度上，也是为他们自己树立形象。

在谈及个人成就时，斯普劳尔——这位充满活力、友好、率直的人，特别指出了两项成就：一是使德勤管理员工（比如，招聘和培训）的方式有所改善；二是该公司实现了全球化，可以为跨国客户服务。不断增加的外部需求与内部同事对他的期望是相匹配的。

斯普劳尔说："现在，我经常跟我们的员工谈论我们是谁、我们的立场是什么、我们的价值观意味着什么。"与住在楼上套房的前任领导相比，他参加了企业职工慈善自行车骑行活动，并选择在离员工工作地点更近的办公室办公。"我们并不是要为我们的每一位员工制定道德准则……他们想要以一种可能在 10 年前不那么重要的方式与我们现在所主张的价值观建立联结。"

外人可能会说，这听起来和以前一样。斯普劳尔必须权衡不同的观点，包括在投资公司与为合伙人分配利润之间取得平衡。他说，这种分散的所有权是对他领导能力的一种制衡，但也赋予了他代表公司其他员工的权力。

"有一些东西确实能确保你不会忽视老板的利益，但同样，他们也希望你做出正确的决定，"他补充说，"我从来没觉得说服合伙人增加投资是一件困难的事，因为投资关乎未来的回报，每个人都能从中受益。"

德勤最大的竞争对手普华永道的情况也与之类似。截至 2019 年 6 月，普华永道在英国和中东地区的合伙业务收入合计达到 42 亿欧元。凯文·埃利斯（Kevin Ellis）自 2016 年起担任普华永道英国董事长兼高级合伙人。虽然有许多外部因素要考虑，但他决定做的第一件事是先与内部包含 900 名英国合伙人在内的 2.4 万名员工好好地沟通。

埃利斯说："在（英国脱欧）公投后的第一年，我刚到公司开始工作，那时生意很艰难，我以为我和他人相处得很好，沟通得也很好。直到那年年底，我才意识到根本没有人在意我的看法。""人们被困在自己的世界里……每个人都必须知道自己在组织中的角色，以及他们如何融入公司战略……我的方法是，把我认为我沟通得很好的东西乘以 10 倍。"

这些反复出现的挑战解释了为什么合伙人会反复选择同一种领导者类型——具有良好沟通技巧且足够冷静的领导者，他们的学习和工作背景有时也是相似的。和上一任领导者伊恩·鲍威尔（Ian Powell）一样，埃利斯也是一名终身企业高管，曾在英格兰中部地区学习，并选择将企业重组作为自己的专攻方向和最终晋升之路。

斯普劳尔和埃利斯等外交型领导者必须小心行事。每家公司的数百名合伙人都拥有一份股份，并对公司的发展有自己的看法。审计师认为审计是最重要的部门，传统上也是如此，因为它与蓝筹股客户有着千丝万缕的联系。咨询顾问更倾向于咨询，无论是提供战略建议还是运营大型 IT 项目。咨询部门在监管限制较少的情况下增长迅速。弥合一家公司内部的分歧是一种外交手段，尤其是在监管机构考虑将两家公司分开以增加该行业的竞争之时。如果外交型领导者能够与各方保持联系，那么他们悉心的劝导和调解将有助于维持公司的业务运转。

作为司力达律师事务所的高级合伙人，克里斯托弗·索尔（Christopher Saul）热衷于宣扬这家具有传奇色彩的金融城律师事务所有多么民主。在一个急于在世界各地整合和扩张的法律行业中，1889 年由两位年轻律师创立的司力达可能会成为一个时代错误，但事实上，它一直保持着独特的前景。

与施罗德、罗斯柴尔德（Rothschild）和巴林银行（Barings）等历史悠久的银行公司一样，司力达还加入了 20 世纪 80 年代撒切尔政府的大型私有化计划①。目前，它提供独特的高级法律顾问服务——就像独立投资公司嘉诚（Cazenove）曾为富时 100 指数成分股公司提供的服务一样，这意味着它将继

---

① 20 世纪 80 年代，英国首相撒切尔夫人采取力推私有化、减少公共开支等新政举措。截至 1988 年年底，英国有 27 家国有企业全部或部分地实行了非国有化，约 70 万名职工从原国有部门转入私营部门。——译者注

续繁荣。

而且，由于司力达只有一个主要办公场所——一座隐藏在罗珀梅克街、靠近伦敦地铁沼泽门车站的时尚堡垒，它的营业额可能比"魔术圈"的竞争对手低得多，但能给合作伙伴支付更高的薪水。不过，这家公司非常谨慎，因此它们不便谈论具体数字。

2016年，退休的索尔就像一家公司的经理那样——他衣冠楚楚、彬彬有礼、行事谨慎，不会泄露任何信息，他在伦敦金融城的人脉比伦敦最好的餐厅的任何一份酒单都要广。他的办公桌和书架上装饰着汽车模型，去他办公室的人在离开时，都想往他的口袋里塞一张20英镑的钞票也是可以理解的。

他对司力达律师事务所的描述更像是会员俱乐部，而不是国际律师事务所。司力达每个月召开一次董事会，每个季度召开一次合伙人聚会，召集新合伙人，讨论重大决策。公司的餐厅也成了会议厅，每个合伙人都有一个放餐巾的收纳箱。索尔解释说："我们每天都在让我们的关系焕然一新。"

索尔是这样描述他的工作的："庆祝和支持公司的成功，做一个有名无实的领导，把事情提上日程，然后温柔地征求大家的意见，'嘿，大家好，你们怎么看？'"司力达不需要一个决策者来塑造其微妙的公众形象，把棘手的对话留到关起门后谈吧！

| 主题演讲 |

这些外交型领导者有一个共同点——他们都在各自的公司任职很久。在被选为CEO之前，戴维·斯普劳尔在德勤工作了27年，凯文·埃利斯在普华永道工作了32年，克里斯·索尔在司力达工作了31年。对于这个行业来说，企业文化和连续性是如此重要，以至于公司永远不会让一个诸如补救型或销售型领导者等局外人来掌舵。

菲利普·迪利（Philip Dilley）在奥雅纳（Arup）工作了33年，在2009至2014年间被委员会推选担任执行主席，任期时间达到了公司规定的最长时间——五年。在此期间，公司的合伙人模式从会计领域拓展到工程领域。他曾参与过公司设计的世界闻名的建筑项目，包括悉尼歌剧院、纽约富尔顿中心、中国国家游泳中心（"水立方"），以及连接丹麦和瑞典的厄勒海峡大桥（曾有一部以这座大桥命名的电视剧）。

菲利普在解释自己为何在此公司停留如此之久时表示："在这里，你会享受到无限的自由，这里既有社会保障，又有丰富的知识储备。"这些理由与其他外交型领导者没有太大不同。就像大多数激情型领导者一样，他们都是坚定的个体，对他们来说，离开自己的事业实在是太难了。菲利普与其他同行的不同之处在于，他得到了关于如何领导奥雅纳的有力指导。

1970年7月9日，由于担心许多创立初期的领导者将陆续退休，企业文化可能会消失，奥雅纳的创始人奥夫·奥雅纳（Ove Arup）在英国温彻斯特市的一次活动中向同事发表了演讲。他的演讲主题包括工作质量、社会效用和合理繁荣，还描述了他对领导力和所有权的设想——为了未来员工的利益，他把自己在公司的股份托付给了其他合伙人。

50多年过去了，在奥夫于1988年去世之后，这份演讲稿成了公司的一份宝贵的资产，公司的每个新员工都被鼓励去阅读这份演讲稿——即使是"好看的秘书"这部分也不过时。对于外交型领导者来说，这份演讲稿引起了他们的共鸣。

奥夫说："在奥雅纳的合伙人关系中，我们几乎消除了所有权——根据国家法律，高级合伙人只能在任期内担任股东……我们有可能设计出一种不同的、比现在更好的、更'民主'的、更公平的安排。我们或许可以建立一些预防机制，以防领导者行为不端、滋生老板情结和自负心理，忘了他们其实也和其他人一样，需要为事业发展负责任，甚至需要负更多的责任。"

在随后的演讲中，他又回到了这个话题上。"我认为不可避免的是，'我们'在不同的语境中应该有不同的含义。有时它代表上层管理者，有时它则意味着包括所有人。我们的目标是让'我们'尽可能经常地包括更多的人——增加那些认同我们的目标并愿意与我们共同努力的人的数量，无论他们的贡献有多小。我们可以把他们视为'我们'中的一员；其他不固定的人，则可能被称为'员工'。当然，这二者中间永远都不可能有任何明确的界限，这不是签署一份文件或授予一个头衔的问题，而是每个人的感觉以及我们对他们的感觉的问题——因为这是一种双向交易。"

"将我们的员工凝聚在一起的，必须是对我们目标的忠诚。只有企业的领导者对这些忠诚，他们才能期望和要求员工的忠诚。"

因此，菲利普和他的继任者们必须成为第一批领导者代表——既受到同事约束又要领导他们的领导者代表。这种对传统领导角色的颠覆虽然听起来并不有趣，但似乎对团队很有效。在截至2019年的四年里，奥雅纳的收入增长了50%以上，达到17亿欧元。

从铁路基础设施和能源计划到为医院开发助产士领导力计划，再到为上海制定排水总体规划，自2019年起担任董事长的艾伦·贝尔菲尔德（Alan Belfeld）对这些活动的管理十分轻松。由于没有外部投资者要求重点关注或更高的回报率，奥雅纳的成员对他们承担的工作有很大的选择权。贝尔菲尔德将奥雅纳在世界各地的业务描述为"小村庄"，他们"可能会争论不休"，但最终总是和睦相处。

被企业选中

2019年春天,在戴维·斯普劳尔执掌德勤八年后准备离职时,他解释道,公司的选举程序应让每个合伙人都有机会投票决定谁来管理公司。他承认:"尽管我们是一个全球性的、现代化的组织,但有一件事有点过时,那就是我们选举领导者的方式。"斯普劳尔指出了他在领导者竞选中胜出的两个要素。"你必须提出宣言——这是你在这家伟大的公司中要实现的目标;你还必须赢得人心,因为最终他们会选出一位他们愿意追随的领导者。"

候选人的承诺有很多的共同点——他们想要发展公司,建立客户关系,改善工作环境。他们要代表的观点范围很广,而成功的候选人是能够找到共同点的人。候选人的性格起着至关重要的作用,他们必须表现自己,以赢得同行的信任。

斯普劳尔补充说:"当我第一次做自我介绍时,我站在700名合伙人面前,我谈到了我的妻子和女儿——她们是谁,以及她们对我所做的事情的看法……一半人认为这很有帮助,另一半人则质疑为什么告诉他们这些。这只是显示了我们企业中存在的各种心态——有些人完全能共情,有些人则根本不感兴趣。"

司力达公司的克里斯托弗·索尔解释说,他所在公司的领导者遴选过程是通过一系列轻松的交谈形成的,而不是向同事正式推介。他说,如果你想被提名,"你就应该以某种方式巧妙地让别人知道"。这就引发了类似于教皇的白烟[①]的无记名投票的投票形式,但它跟常规的投票形式本质上无异。领导者把自己所得到的位置归功于身边的人,他既是领导,又是充满感激的公仆。

---

① 选举罗马新教皇时,会用白烟暗示结果。——译者注

情况并非都是如此。2020 年，凯文·埃利斯在没有对手的情况下当选为普华永道董事长，这是他第二个四年任期，他认为这个结果赋予了他一定的权力。他说："这确实给了你领导的权力，我认为你必须尊重这一点。我知道合伙人们也同意我所采取的策略。"

选择一个安全的候选人的想法也不总是正确的。理查德·休斯敦于 2019 年接替斯普劳尔，成为德勤 175 年历史上首位拥有咨询背景的英国高管。"这个结果出乎大家的意料，"他说，"我不是那种传统的候选人。我想说的是，以合伙人为基础的组织，最重要的是参与度和透明度。"

交接时刻

在英国，一提到合伙公司，大多数人就都会想到约翰·刘易斯合伙公司（JLP），它是备受喜爱的同名中产阶级百货公司的总部，也是连锁超市维特罗斯（Waitrose & Partners）的总部。当在这个残酷、竞争激烈、零工时的时代，它一直被视为对员工友好和对客户关怀的典范，也是消费者购买高档食品和家具的首选场所。2008 年金融危机之后，政府部长们紧急呼吁创建更多像 JLP 式员工所有制模式的公司，甚至从白厅①的行政部门中拆分出一些这样的企业。

JLP 的创始人约翰·斯比丹·刘易斯在 1963 年去世时给商店员工留下了一笔独特的遗产。公司由员工或"合伙人"托管，他们每年都有权分享利润。公司还有明确的章程，以确保所谓的"工业民主实验"可以无限期地继续下去。

---

① 白厅（Whitehall）是英国伦敦市内的一条街，它连接着议会大厦和唐宁街。英国国防部、外交部、内政部、海军部等一些英国政府机关都设在这里。因此，人们用"白厅"作为英国行政部门的代称。——译者注

第 8 章 外交型领导者

以高管薪酬上限为例。其规定为，合伙人的最高薪酬不得超过按小时计算的非管理合伙人平均基本薪酬的 75 倍。当其他公司的薪酬差距扩大时，JLP 被认为是公平的捍卫者，是提高工人劳动生产率的先驱。竞争对手可能会指责它阻碍了该公司聘用优秀的人才，但它反而培养了学院派的领导者。就像奥夫·奥雅纳的演讲一样，薪酬规则和其他一些规则意味着这里的领导者选择路径十分清晰。JLP 只能由一个相信公司包容性的人来领导，换句话说，一个外交型领导者。

这种表现在报酬和津贴上的慷慨，赢得了强烈的忠诚度。普睿勋爵（Lord Mark Price）于 1982 年以一名毕业实习生的身份加入 JLP，并在南安普敦门店的照明部门开始了自己的职业生涯，一干就是 34 年。后来，他晋升为维特罗斯超市的总经理。自 2016 年离职后，他一直担任英国贸易大臣，撰写公平议程，并建立了网站 Engage Works，旨在帮助人们从各自的职业生涯中收获更多。

普睿勋爵是 JLP 模式的坚定捍卫者。他说："坦率地说，现在是包容性资本主义最重要的时刻。我认为，根据员工创造的价值来奖励他们是一个非常创新的想法。"

问题是，多年来，JLP 的薪酬体制的优异性并没有在公司营收数据上体现出来。2020 年 3 月，该公司公布年度利润连续第三次下滑至 1.23 亿英镑，8 万名员工的奖金减少至工资的 2%，创造了自 1953 年以来的最低水平。更糟糕的是，据约翰·刘易斯透露，新冠疫情使更多的人转向网上购物，7 月时该公司 50 家百货商店中有 8 家将关闭。

即使没有全球卫生紧急事件，零售业的竞争也是相当激烈的，但无论如何，人们都应该明确该集团缺乏外交型领导者。2020 年初，董事长查理·马夫菲尔德（Charlie Mavfield）离开了他经营了 20 年的企业，并提出了一项令人难以接受的提议——要整合 JLP 与维特罗斯超市的管理结构，这将导致数

175

十名高管离职。其中包括维特罗斯的总经理罗伯·柯林斯（Rob Collins）和JLP的总经理宝拉·尼克尔兹（Paula Nickolds），他们分别于1993年和1994年就成了公司的实习生。绝大多数人的感觉是，由公司内部培养出的领导者更适合公司发展稳定的时期。查理在2019年的一次采访中说："我的直觉是，在你做得更好之前多做一点。可能是一两年，但不会是长期的。我们的策略需要更加大胆。"这是外交型领导者致命的弱点，长期在这种文化中生活和生存的人，往往不能成为在必要时做出激进变革的领导者。

接替查理的是莎朗·怀特（Sharon White），她是外交型领导者的新秀，几乎没有零售经验。她在领导英国媒体监管机构——英国通信管理局时业绩突出，但在此之前，她从1989年起就一直是公务员，在国际发展部、司法部，以及就业与养老金部工作。

在财政部，她升任第二常务秘书，监督审查财政部应对金融危机的措施，并实施削减开支。是的，她是自愿加入JLP的，在一个补救型领导者可能更适合JLP的情况下，莎朗的决策是否足够灵活以确保JLP有一个更明朗的未来，我们拭目以待。

| 舰队领袖 |

在泰晤士河上的日落游轮上，罗宾·莫蒂默（Robin Mortimer）正津津有味地享受着做领导的感觉。作为伦敦港务局（Port of London Authority, PLA）的CEO，他描述了推动货运和客运量增长的宏伟计划。每天傍晚都有很多的游船在伦敦的中心河道上航行，其中有一艘船并不是为了游玩，而是为了公务而巡航的。

伦敦港务局作为泰晤士河的管制部门，管辖范围从泰晤士河畔里士满的特丁顿水闸向西向东各延伸95英里，直到北海。它在保障航行安全方面发挥着关键作用，以确保巨型集装箱船、通勤船和野生动物可以很好地共存。在接下来的 10 年里，这也将是一个更具挑战性的工作，不仅是因为河流货运量将超过 1964 年达到的峰值，还因为伦敦有更多的工人会到这条河的河岸工作。这次巡航的目的是希望激起人们对港务局新战略的兴趣——这是一项为期 20 年的愿景，旨在证明可以丰富泰晤士河的用途，增加其对伦敦的经济贡献。

莫蒂默获得了越来越多的财政支持来实施这些计划。2019 年，伦敦港务局的收入为 6700 万英镑，在五年内增长了近三分之一，其中大部分来自向货船收取的河流维护和引航费用。尽管如此，他还必须冒着极大的风险在众多利益相关者中间进行评估。幸好这位外交型领导者做了 20 年公务员，曾为多位英国内阁大臣效力。作为一名非港务局科班出身人员，莫蒂默依靠海伦·高希的帮助，实现了 2014 年从政坛过渡到港务局领导角色的过程。

在政府任职期间，莫蒂默的工作内容包括环境、水产业定价，以及将政府的英国水运局（British Waterways）改造为运河与河流信托（Canal & River Trust）。这是一个监管英格兰和威尔士 2000 英里运河和河流的慈善机构，如果他留下来，那么他肯定会成为一名常任秘书，领导政府的一个大部门。不过，他更向往政府以外的自由。莫蒂默在 2019 年说："我想说的最重要的一点是，在政府之外，你有能力塑造自己的命运，塑造这个组织。"

尽管遇到了一些挫折，但莫蒂默还是庆幸自己学到了东西，并获得了作为领导者处理棘手问题的经验。他准备了一份关于港务局发展的战略，就像准备一份政府白皮书或政策文件那样，需要通过收集意见和选择最佳的方式来完成。他说："我认为公务员制度的最大优点是，善于借助证据解决问题。"这种有纪律、有条理的思维方式确实是一种很好的训练。

莫蒂默说，这些都是与领导者有关的技能。部长们掌握着每个部门的权力，但这并不完全是系统内部的感觉，他补充道："公务员在政策制定上发挥着很大的领导作用，与部长们的关系也处于最好的状态，并在组织中发挥了一些思想领导作用。"

| 结论 |

一项伟大的领导技巧是把复杂的问题简单化，这是外交型领导者必须擅长的事情。他们的最佳状态是在众多利益相关者不同的观点和意见的雷区中选择一条道路，并维持平衡。

他们善于倾听，善于学习，善于保持团队的稳定。他们不是彻底的变革者，也可能没有竞争激烈的商业世界要求的那么灵活善变。

外交型领导者不应被视为软弱的领导者，但他们可能会受到委托不力的影响。共同拥有并不意味着共同经营，但也有许多成功的例子，即通过轻松的领导方式使大家朝着共同的目标努力。达成共识和商业成功并不相互排斥。

在现代社会，与员工和志愿者的近距离沟通对组织发展至关重要。随着越来越多的组织试图变得更加具有包容性，外交型领导者，作为伟大的沟通者，他们拥有的技能在第九种领导类型即人本型领导者上也有所体现。

chapter
09

第 9 章

人本型领导者

> 优点：

敢于冒险、深入思考、贴近员工和社会、真实自然。

> 缺点：

有时过于理想化。

适合：面向未来。

你会在哪里找到他们：你附近的公司，他们是最常见的领导者类型。

绿色梦想

在维也纳霍夫堡皇宫（Hofburg palace）豪华的皇家贵宾室里，在庆典厅闪闪发光的吊灯下，众人聚在一起讨论长期管理问题。这个地点再合适不过了。就是在这里，哈布斯堡王朝的帝王将相统治了神圣的罗马帝国三个多世纪。

奥地利首都也是著名的管理大师彼得·德鲁克（Peter Drucker）的家乡，他的管理学思想每年都会在全球彼得·德鲁克论坛上广受赞誉。每年11月都有固定的三天时间，公司战略家、顾问和数百名管理学学生都会前来聆听学术界人士和研究董事会的思想家们对现代领导和管理面临的挑战的看法。如果不深入研究管理思想演变的历史和逻辑，管理能力就会止步不前。德鲁克曾坚持认为，管理者并不仅仅只是对股东负责，更要对整个社会负有责任。

在2018年这场论坛的午餐后会议上，法国能源巨头法能CEO伊莎贝拉·高珊成为受邀嘉宾之一。作为第一位管理法国蓝筹股CAC40[①]公司的女性，她优雅又热情，像一位明星，下定决心要干出一番事业。坐在她旁边的是保罗·波尔曼，他刚刚从纽约飞过来，就在前一天，他才刚刚宣布从消费品巨头联合利华退休。

这是一种象征性的接力棒传递。波尔曼——本书第7章提到过的活动家型领导者，他开玩笑地说他正在找工作，因为他的妻子对于他一直在家待业很不满。高珊没有沉迷于自己的过往，她分享了自两年半前她上任以来在工作上所取得的飞速进展。2002年，她加入了法国水务公司苏伊士集团，并在这里工作了16年。

自欧盟规定在2000年前开放国内市场竞争以来，高珊开启了这家前国有

[①] 法国CAC40指数（Cotation Assistée en Continu 40）是法国重要的股价指数，由40只法国股票构成。——译者注

天然气垄断企业规模最大的重组,并开始收购国际电力企业。上任后不久,她宣布这家能源巨头将出售其 20% 的资产,价值约 150 亿欧元,为未来的低碳环境重新配置了公司的资源。早在许多化石燃料公司意识到这一点的几年之前,污染严重的煤炭和天然气将被淘汰,大部分收益将重新部署在风能、太阳能、水力发电和电能储存上。她坚称,是社会现状推动了她的战略,股东也会支持此战略。

高珊在德鲁克论坛上说道:"顾名思义,企业绝对是问题核心。"她引用的统计数据表明,能源行业的二氧化碳排放量占总排放量的 60%。"你可以选择要么继续排污,使问题逐步严重化,要么努力成为提出解决方案的一员。"

这是一位典型现代领导者的大胆举动。她以长远的眼光来规划灵活的、短期的行动,所有的包装和策划都胸有成竹。自 2014 年 10 月被任命为董事长兼 CEO 热拉尔·梅斯特拉雷(Gérard Mestrallete)手下的副总裁以来,高珊经历了一段漫长的交接期,她在环保、利润和大众之间建立了联系,并采取了她的前任领导从未用过的领导方式。

她的策略更具包容性、更多样化、更数字化、更具实验性:比起企业绩效与变革,她更关心他人的内心感受。多年来,她一直与员工保持密切联系,并将这个目标置于企业利润之上。她知道,她必须证明自己的存在是合理的,而能证明这一点的只有利益相关者,但她有时也会为了取悦广大利益相关者而否定自己领导力的意义。她意识到了沟通的重要性,也希望别人看到他们做的正确的事情。事实上,他们最想要成为人本型领导者。

人本型领导者是与过去那种"宇宙主宰"的董事会截然不同的领导类型。他们决心走出象牙塔,打破包围他们帝国的城墙。他们知道,现代企业比以往任何时候都更容易走进大众视野,这要归功于社交媒体和网站(比如,招聘网站 Glassdoor)。在这些网站上,员工可以对自己所在的公司进行评估，而且这与他们为公司尽心工作并不冲突。

他们十分谨慎地将公司融入社会系统中，作为领导者，他们与员工一起工作，并把人力资本当作重要的资本。因为在他们看来，员工不仅可以为公司提供思想源泉，还是守护公司的队伍；员工具有敏锐的自我意识，才能以最有效的方式运用他们的时间和力量。

高珊曾在德鲁克论坛上介绍过她的企业愿景，她多次明确表示，她不是在单独行动。她说："我不相信那些说仅凭自己的智慧就能制定出战略的领导者，很重要的一点是，公司的运营与公司所有成员都密切相关，领导者要让每个人都意识到自己有责任为公司的目标共同努力。"

在执掌法能之前，高珊对该公司的基本情况进行了考察，与该公司的15.5万名员工，以及非政府组织、政界人士和科技公司中的许多人都进行了交谈，了解他们对该公司未来发展方向的看法。在与他们讨论的同时，还进行了一项深入的分析，该分析旨在甄别出是什么问题阻碍了法能向零碳世界过渡，并解决这些问题。

截至2019年4月，在宣布变卖该集团在荷兰和德国的燃煤发电厂后，煤炭仅占法能发电量的4%，而在2015年年底时这一比例为13%。此外，法能承诺投资120亿欧元，为企业和地方当局提供清洁能源解决方案，大规模开发可再生能源，并对电力和天然气网络进行必要的调整，以适应能源转型。

如果高珊没有为了公司制定2030年的愿景而多次举办员工咨询会，鼓励大家不仅要集思广益，还要采访客户和联系人并征求他们的意见，那么员工咨询可能会被视为一种宣传噱头而被摒弃。她决心下放权力，降低组织的重心，她说："有时人们认为，对一个更大的组织来说，要想做出改变可比一个小的组织难多了。我明白这一点，但是有很多人，他们本身就是社会的一部分。就好像你有数千个中心，你可以充分利用它们。"

她立志于让法能成为客户、投资者和员工的首选，这一计划正在奏效——至少公司收到的简历增加了60%。高珊确信这是一个良性循环："这不是社会责任和价值创造之间的套利。从经济角度来看，如果你不能满足客户的需求，就无法发挥作用。"

德鲁克的一些深刻的智慧之言几乎是为高珊写的，他写道："作为一名领导者，你的首要工作是管理自己的精力，这将有助于你随后协调你周围的人的精力。"

2020年2月6日，法能的董事会终止了高珊任CEO的任期，因此她没有机会完成自己的愿景。2月24日，她在推特上写道："我带着绝对的平静和深厚的感情离开了法能。"

这位人本型领导者在领导复杂的国际企业转型的同时，她付出的努力赢得了所有人的认可。然而，她却成了董事会争斗的牺牲品，因为有些人对一些资产处置的收入以及与同行相比令人失望的股票表现感到担忧。据报道，法国政府在这一决定中发挥了重要作用。法国政府持有法能24%的股份，支持提前将股息削减30%。在不久之后的一次采访中，法能新任董事长柯拉玛迪奥（Jean-Pierre Clamadieu）说，高珊未能证明她是深化集团转型的合适人选。

创造一种全新的领导方式是一件不容易的事。有些人可能还没有准备好接受灵感的指引。无论愿景和方法是什么，需要被看到的都是切实的结果。当然，人都会犯错，但这并不意味着他们就是失败的代名词，因为失误的仅仅只是一项正在进行的工作而已。接下来，我们将会见到在现代商业中认为"少即是多"的领导者。

第 9 章 人本型领导者

| 扛起大旗 |

1984 年，张瑞敏被派到山东省青岛市一家濒临倒闭的电器厂当厂长。这一举动成为企业界的传奇，因为他是该厂历任领导中最年轻的一位。

2018 年，他回忆道："我最初的目标只是让员工拿到工资，让公司正常运转，然后我就离开。"然而，他对公司的贡献远不止于此。

张瑞敏就任后立即对工厂的质量控制产生了兴趣，在当时的中国，"品控"还是一个陌生的概念。中国的工厂会将工业产品分为一级、二级和三级，或者干脆不分等级，这使得人们可以接受有瑕疵的货物。"我们想消除的就是这种心态。我们还收到客户来信，声称一些产品质量极差。"

张瑞敏在发货前抽查了 400 台冰箱，发现其中 76 台有问题。为了表明自己的态度，他立即拿出一把大锤，召开了职工大会。

"我们找出了这些问题冰箱的负责人，并在冰箱上贴上他们的名字。然后，我让他们自己砸碎了冰箱……有的工人哭了，因为他们觉得，哪怕一件东西做不成一等品，做成二等品也可以。不过我想告诉大家的是，有缺陷的产品只是一种浪费。建立全面质量管理的观念很重要，这是先进的管理方式。"为了强调这一点，他开始将薪酬与产品质量挂钩。

| 发现自由 |

如果不是因为张瑞敏担任董事长兼 CEO，并不断改善公司经营的方式，那么他很有可能发展成一位补救型领导者。30 多年来，这家濒临倒闭的工厂成了海尔走向全国乃至国际市场的起点和中心，在这 30 年里，海尔也发展成了家电巨头，其洗衣机、冰箱、微波炉和空调与惠而浦（Whirlpool）、博世

（Bosch）、美诺（Miele）、热点等公司争夺消费者市场。那把大锤如今被放在公司总部的一个玻璃柜里。张瑞敏接下来所做的事情，让他成为一名人本型领导者。

他在维也纳出席全球彼得·德鲁克论坛时说："我相信等级制公司最终会消亡，而那些自我组织而不是他人组织的网络化组织将继续存在。"

张瑞敏曾说："我经营海尔，主要是无为而治。"这听起来像是一种在出问题时为自己开脱责任的方式，但事实并非如此。

在一次采访中，他说："我的职责是搭建一个平台，提供服务，让企业家能够更快地取得成功。"母公司仍是私有的，但海尔的主要上市公司海尔智能家居（Haier Smart Home）的股票在上海和法兰克福交易，报告称该公司2019年销售额增长了9%，达到2010亿元人民币，利润增长近10%，达到人民币82亿元。这得益于通过"物联网"（IOT）连接的网络家电的需求不断增长。该集团占据全球家电市场10%以上的份额，在160个国家开展零售业务，拥有122家制造工厂。

张瑞敏的方式是给予员工很大的自由。他的企业拥有2000个海尔自我管理团队，这些团队是在张瑞敏抡起大锤重击中层管理阶层时出现的。这些微型企业在内部竞标客户订单，其中有200多家企业已经吸引了风险资本投资。他引用德鲁克的话："在新的管理方式中，我们不再需要传统的领导者，因为每个人都可以成为自己的CEO。"员工甚至可以根据他们为海尔创造的价值来决定他们的薪酬。

张瑞敏认为，即使一个组织看起来运行良好，也有两个原因需要重塑它。他与所谓的"大企业病"做斗争，他将"大企业病"定义为"一家公司发展到一定规模，变得反应迟钝，组织中的冲突越来越深，它离最终目标越来越远"。张瑞敏还说："所有组织都面临着双重目标，一是保证日常经营——尤其是作为一家大公司；二是创新。似乎没有哪家公司可以同时实现这两个目标，二者好像是相互矛盾的，我想解决这个问题。"他的潜台词是，企业领导者不再像过去那样重要。

向他人学习

当通用电气陷入困境时，张瑞敏开始顿悟了。海尔和张瑞敏与这家美国工业巨头的关系有着悠久的历史，本书第1章曾讲述过通用电气的问题。张瑞敏长期以来一直崇拜通用电气传奇式的领导者——杰克·韦尔奇。截至2001年，韦尔奇用了20多年的时间建立并发展了通用电气。

1992年，海尔拒绝了这家美国公司对它的并购。由此，让海尔走上了一条并购之路，因为张瑞敏知道，要想与全球竞争对手并驾齐驱，海尔就必须在销售额上有所增长，在创意上有所进步。2016年，海尔以56亿美元的价格成功并购了通用电气家电子公司，而在24年前，海尔差一点就被通用电气并购了。

从两家公司的历史来看，张瑞敏对通用电气的"超级帝国"不屑一顾也就不足为奇了。自韦尔奇以来，通用电气的领导层已多次更换。

在解释领导者在这种情况下所扮演的角色时，张瑞敏做了这样一个生动形象的比喻："我们的目标曾是建立一个帝国，但我们理想中的帝国总是会崩溃，这也是我们改变目标的原因。我们意识到，与其建造一艘航空母舰，不如建造一支战斗舰队。换句话说，我们正在将目标从生产产品转变为培养企业家。"

他还说："在传统公司中，船长负责设计船舶；而在我们的公司里，船长负责设计舰队或舰队中不同船舶如何灵活地协同工作和作战的机制。在第二次世界大战中，最有效的策略似乎不是战舰有多大，而是如何像群狼一样与敌人作战。"

此外，海尔还十分重视产权问题。张瑞敏的领导方法充分利用了日本的管理方法，再借鉴美国的全球化和品牌建设，从而形成了自己的思维方式。

| 少即是多 |

对于一位领导者来说，被评价为他们在本应管理的组织高层缺乏领导力，可谓奇耻大辱。然而，最勇敢的人本型领导者已经准备好放手一搏。不是没有领导，而是没有自上而下的领导。"少即是多"的理念已经流行起来，但问题仍然是如何实施。

瑞典一家咨询公司克里斯普（Crisp）提供了一个最极端的例子。几年前，它因宣称自己可以在没有领导者的情况下完美运作而备受关注。这是一家非营利性公司，由超过 35 名独立思考的 IT 顾问组成。他们更倾向于能让员工从中获益的组织结构。他们每年都会收取费用，以支付核心成本，但克里斯普既没有确立前进的目标，也没有在公司中建立财务价值的雄心。

该公司在其网站上说，如果我们保持公司精简，只有一小部分的变动性，我们就无须争论谁拥有什么。因此，该公司向在这里工作至少两年的员工提供的所有权，在很大程度上只是象征性的。克里斯普的主要目的是让员工感到快乐，因此尤为关注员工的幸福指数。相较而言，丰厚的收入和满意的客户则不是公司发展的主要目标。

这听起来有点像是第 8 章中提到的奥雅纳的精简版，该公司每年将大部分盈余分配给"会员"。瑞典法律要求克里斯普必须有董事会，但任何人都可以参加董事会会议。决策不是一个单一的明确定义的过程，因为不同类型的决策需要不同的程序。让整个团队参与决定购买哪种类型的白板笔未免有点小题大做，但诸如变更办公场所这类的决定，则需要整个团队共同参与。推动问题的人拥有决策过程。2015年，克里斯普公开了它的"DNA"（实际上是一本操作手册），供大众参阅。

尼克·皮尔逊是Parkrun的CEO，他管理着一个非常现代的品牌，在新冠疫情强制的社交距离允许的情况下，该品牌每周六上午为35万名来自各界的跑步者举办5千米计时跑的活动。

与其说这是一项慈善事业，不如说是一场运动。Parkrun有一个值得称赞的使命：永远免费，鼓励最不爱运动的群体参与。它的受欢迎程度使"#parkrun"在大多数的星期六早上成为社交媒体上的热门话题。此活动非常棒的一点在于，并没有采用传统跑得越快越好的比赛的标准，而是鼓励那些不怎么运动的人逐渐试着增加平均跑步时间。

Parkrun也是一个很棒的英国公益组织，许多志愿者参与其中，在这个活动中，每周末都有35 000人到现场指挥跑步者的路线和时间。皮尔逊在2015年从其创始人手中接过了该慈善组织的管理权，他对自己的定位很清楚——他与外交型领导者有许多相似之处。他在2019年表示："你绝对不能通过备忘录、指令或太多的规则来领导员工。你首先要通过愿景、文化来支持他们所做的事情，并通过向世界展示他们所产生的积极影响来领导他们。"

Parkrun的前身是灌木公园计时赛（Bushy Park Time Trial），举办地位于伦敦边界的米德尔塞克斯郡的特丁顿，那里绿树成荫。创始人保罗·辛曼－休伊特（Paul Sinton-Hewitt）是一名俱乐部跑步运动员，他在一场事故中腿部受伤，失去了工作。2004年10月，他第一次组织比赛，有13人参加。2007年，他在温布尔登球场举行了第二次比赛。很长一段时间以来，辛曼－休伊特一直在资助这个组织，直至2009年招募到第一位赞助商。最终，他把Parkrun交给了一家慈善信托基金。

从那时起，跑步活动已扩展到22个国家，累计有700万余名注册跑步者参与。这意味着在索韦托（Soweto）或旧金山，跑步者能参加相同的活动，享受相同的体验。不知何故，它的组织规模一直较小，预计在 2020 年营业额将达到 700 万英镑，但固定员工仅有 43 人。

这在很大程度上要归功于皮尔逊。他此前曾担任 Sweatshop 的总经理，这是一家独立的专业体育用品零售商，拥有自己的经营创意。他在 Parkrun 所面临的挑战，是从一个绝妙的想法中创建一个可行的模型。以该组织参与者之一的心态，他集中所有的精力，取消了无关的活动，并有意控制资金花销。皮尔逊希望有足够的收入来支付成本，但不想在每场活动中都挂满赞助商的信息，鉴于 Parkrun 的受欢迎程度，他能轻而易举地做到这一点。

这位人本型领导者说："我认为，未来几乎所有组织都能重新定义精益和生产力。而且由于他们缺乏重点，因此他们会在那些不必要做的事情上浪费时间。"

皮尔逊补充道："（我必须）确保我们以最少的资源和投资做最大的努力。这就是我们未来 10 到 20 年的可持续发展的方式。如果我们运营的模式每两年半规模就要翻一番，就像我们活动的参与情况一样，那么我们将无法维持下去，因为我们的成本将越来越高。"

| 永久植入 |

Parkrun 所展示的小规模、协商一致的领导力的替代方案就是人本型领导者模式——领导者尽可能多地融入组织中，如果他们不能在整顿公司的同时保持效率，他们就要确保与基层保持密切联系。

查理·雅各布斯（Charlie Jacobs）在 2016 年被选为"魔术圈"年利达律师事务所的高级合伙人时，坚持将他一半的时间用到客户和工作上。这种做法是对传统外交型领导者角色的全新诠释，而且这样做也有助于他更好地与日常业务保持联系，这比做一个有名无实的公司领导可能会更好。

他决定参加选举的时机也值得注意。雅各布斯身材高挑、匀称，戴着眼镜，在相对较年轻的49岁时就开始了这份工作——这可能比通常的候选人早了五年。他在2019年表示："虽然法律行业有很多事情要做，但我认为我仍然可以以非常快的速度奔跑。因为如果你适应得太晚，那么对于你来说，这就很有可能是一份退休工作。"

雅各布斯出生在开普敦，父亲是南非人，母亲是爱尔兰人，他跟随两个姐姐来英国学习，因为父亲建议他，在不确定的种族隔离制度[①]下，金融大爆炸后的伦敦可能是开启职业生涯更好的地方。1988年，雅各布斯以学生的身份首次进入年利达，成为年利达中罕见的非牛津大学、剑桥大学毕业的新成员，他拥有一种局外人的视角，而且事实证明，这很有用。使雅各布斯声名大振的原因有很多，包括：2015年百威英博（AB InBev）斥资1000亿美元收购南非米勒（SABMiller），重新绘制了酿酒行业的地图；2012年，大宗商品巨鳄嘉能可（Glencore）与矿商斯特拉塔（Xstrata）的合并。

作为领导者，雅各布斯努力工作，使这个角色为他所用，而不是被过去的事所束缚。律师事务所因要求员工始终保持联系而饱受诟病。作为人本型领导者，他希望尽可能地与人面对面交流，而不是通过手机信息或视频电话来沟通。每当他来到年利达遍布世界各地的30个办公室中的一个时，他都会去健身房而不是会议室，因为他想看看员工真实的样子。他不喜欢下班后约同事或下属喝酒，更喜欢去上动感单车课，这样他就可以在与各级的同事交流的同时，还能大汗淋漓地享受运动了。他说："这里的人来自不同的领域，我们会在锻炼结束后喝一杯奶昔或果汁，我会看到高级合伙人更加生活

[①] 种族隔离，指在日常生活中，按照种族的不同而将人群分割开来，使得各种族的人无法同时使用公共空间或服务。——译者注

的一面。"

他还试图打破律师事务所传统的运营观念,他认为除非该行业能够摆脱按小时计费的模式,否则永远不会真正地改革。每年平均要花费2000个小时与客户交流一直是新员工心中的工作标准。雅各布斯试图让同事透过现象看本质,因为利润是在合作伙伴之间同步分享的。有心人提醒过他,他的职业待遇很好,但也很艰难。另一家大型律师事务所贝克·麦坚时(Baker McKenzie)的董事长保罗·罗林森(Paul Rawlinson)于2019年初去世。去世前,他曾因过度劳累请假六个月。

雅各布斯说:"我们说过,我们将不再强调个人指标。我们希望大家认为公司第一、实践第二、个人第三。我不管你将个人排在第几位,我都会每年和你坐下来谈谈你客户的情况,你过去一年都做了哪些工作,人们对你的内部和外部的看法如何。在一个步调一致的环境中,这就是我所需要知道的全部。"当雅各布斯带来了数百万英镑的生意时,这位永远活跃的交易撮合者可能会被抵制参加啤酒派对这样的活动。他承认"一开始我可能会有点愤世嫉俗,但我会尝试一下"。在过去,这种酒会存在让人失控的风险,现在引入了清醒的陪护人员来避免这一风险,这对员工来说是一项福利。

人本型领导者确信,对自己的员工好,生意就会更好。克莱尔·吉尔马丁(Clare Gilmartin)自2014年起担任欧洲火车票应用程序Trainline的CEO。她亲身体验了如何利用空闲时间来让工作和家庭生活实现平衡。

在生完前两个孩子后,她回到了eBay工作,她需要花一些时间调整。因此,在六个月的时间里,她每个星期只工作四天。

她在2016年的一次采访中说道:"我们要鼓励员工灵活地调整工作时间——不是一直这样,只是在某个阶段。我认为这是值得的。如果你能帮助员工应对职业生涯中的挑战,他们就会非常忠诚,并在职场中快速成长。"

许多企业领导者都明白,他们公司的人才是一种资源,而不仅仅是一种成本，因此他们会积极地培养人才，吉尔马丁就是这样的领导者。开明的人本型领导者一直在积极关注员工在职场中的心理健康问题，鼓励员工在工作中呈现最真实的自我，从而让他们感到放松，并能把工作做到最好。

结论

改善领导风格的探索仍在继续。它需要改进，这表明公司的组织和指导方式存在本质上的问题。

每当出现新的金融黑洞时，人们就开始怀疑资本主义及其领导者即将失败，无论最近一次的崩溃或掩饰是何时被曝光的。当然，企业领导者尚未解决财富不平等的问题，这足以证明整个金融体系可以做得更好。

然而，领导力并不是像对工厂生产线进行微调那样简单地从持续改进中获益。决定其成功的指标在一代人的时间里成倍增长，就像从模拟技术到数字技术的转变一样。

本章提到的人本型领导者非常清楚他们必须实现众多目标，包括可持续发展、共享利润到福祉、乐趣和环境危害最小化。

尽管他们的运营理念是围绕股东开展的，但同时也会有车间工人或供应商对他们的决定做评判，提醒他们董事会会议室之外的现实世界是什么样的。他们需要尽可能地做到包容和真实。他们真正的力量是为他人提供帮助。

如果他们犯了错误，他们就会很快地从中吸取教训。优秀的领导者乐于进行改变和创新。

后记

THE NINE TYPES OF LEADER

这本书的后半部分是在新冠疫情期间完成的,这是对领导者的领导能力的一次非常严峻的考验。当我搬到萨里郡,重新拾起《领导者图鉴:藏在故事里的领导智慧》这本书时,许多 CEO 都在居家办公。他们绞尽脑汁地把迄今为止在职业生涯中所学的知识与疫情应急管理结合起来,以保证公司在疫情大环境下的正常运转。许多人都觉得新冠疫情会是一个常态化的过程,到了夏天,受冠状病毒影响,大部分企业核算收益时发现了负债经营,人们迫切希望一切都能回到正轨。不过,随着企业稳定下来,领导者对疫情也似乎没有那么大的敌意了。显然,优秀的领导者都不会浪费一场好的危机,疫情对他们来说,既是危机也是机遇。

新冠疫情对于领导力的影响就像它对社会各个方面的影响一样:也许不会引发大的变革,但肯定能带来一些生活和工作上的改变。对于消费者来说,这意味着更多的送货上门、时移电视[①]、视频通话、居家购物等需求,以及用新的评估标准为公共服务打分。

在企业环境中,这场疫情将成为成本削减、扁平化、数字化、远程工作的巨大催化剂,淘汰掉那些不景气的公司,并推动大量初创企业的出现和发展。对于商业领袖来说,这意味着以下三点。

---

① 这是一种革命性的电视转播技术,能让观众在观看时可进行暂停、倒退和快进等操作。——译者注

- 全球经济衰退意味着这是一段销售不景气、回报率降低的时期，在此期间，投资者将对疲软的企业和领导层失去耐心。这提醒我们，虽然利润不是企业成功的唯一驱动力，但仍然是核心，也是其他一切商业行为的通行证。
- 新冠疫情重新确立了企业与社会之间的社会契约。需要政府支持的公司大多都得到了支持，而那些有能力帮助其他公司的企业也都这样做了。从这个角度来说，大家成了一个休戚相关的命运共同体。如果企业及其领导者忘记了自己是更广泛社会的一部分，忘记自己的社会责任感，他就会辜负客户和员工。
- 动力将比以往任何时候都更加分散。远程办公平台为公司节省了数百万美元的财产成本，但这意味着领导者必须更善于从远处传达他们的信息。随着接触点和参与政府会议的减少，他们必须认真思考如何利用网络技术来组建团队，使其他人能够成功，并监督质量控制、生产力、员工士气和员工福祉。

在20多年的职业生涯中，我与企业领导者的会见和采访次数不计其数，我从中感受到了明显的变化，包括不断变化的面孔，不断变化的技术，还有不断变化的风格。

不过，永远都不会改变的是，最好的领导者善于将目标、个性和表达能力结合起来。他们拥有最广阔的视野，拥有激励身边的人的能力。这些品质会让人们跟随他们到一个从来没有人去过的地方——未来。

The Nine Types of Leader : How the leaders of tomorrow can learn from the leaders of today

ISBN: 978-1-78966-696-0

Copyright © 2021 by James Ashton

Authorized Translation of the Edition Published by Kogan Page Limited.

No part of this publication may be reproduced, stored in a retrieval system or transmitted in any form or by any means, electronic, mechanical photocopying, recording or otherwise without the prior permission of the publisher.

Simplified Chinese rights arranged with Kogan Page Limited through Big Apple Agency, Inc.

Simplified Chinese version © 2024 by China Renmin University Press.

All rights reserved.

本书中文简体字版由 Kogan Page Limited 通过大苹果公司授权中国人民大学出版社在全球范围内独家出版发行。未经出版者书面许可，不得以任何方式抄袭、复制或节录本书中的任何部分。

版权所有，侵权必究。

北京阅想时代文化发展有限责任公司为中国人民大学出版社有限公司下属的商业新知事业部，致力于经管类优秀出版物（外版书为主）的策划及出版，主要涉及经济管理、金融、投资理财、心理学、成功励志、生活等出版领域，下设"阅想·商业""阅想·财富""阅想·新知""阅想·心理""阅想·生活"以及"阅想·人文"等多条产品线，致力于为国内商业人士提供涵盖先进、前沿的管理理念和思想的专业类图书和趋势类图书，同时也为满足商业人士的内心诉求，打造一系列提倡心理和生活健康的心理学图书和生活管理类图书。

《幸福领导力：藏在故事中的管理智慧》

- 彭凯平、赵曙明倾情做序推荐；众多知名学者、专家和企业家联袂推荐。
- 书里提高职场幸福感的底层逻辑，探询活出人生松弛感的管理智慧。

《职场性格图鉴：如何在职场关系中游刃有余》

- 吴晓波、秦朔联袂推荐。
- 了解职场终生相，培养敏锐的人际观察力。

《高潜人才：培养下一代领导者》

- 用科学有效的方法识别、选拔和培养真正的高潜人才。
- 为组织领导梯队建设、助力企业基业长青提供真知灼见。

《留人更要留心：员工激励的破解之道》

- 多所高校总裁班讲师、华为研究专家周锡冰诚意之作。
- 手把手教你如何留人、留人心，让员工有归属感，与企业共成长。

《领导者演讲力：成为会演讲、会表达的领导者》

- 演讲力＝领导力＝影响力。
- 全球知名领导沟通能力教练40年成功经验分享，教你掌控各种演讲场合，提升当众演讲能力，释放领导魅力。

《向下沟通：让决策执行到位的高效对话》

- 领导力大师沃伦·本尼斯作序推荐。
- 帮助领导者走出权力的"沼泽"，与下属建立高效沟通机制的管理必读书。

《高管教练精进法》

- 汇集 31 位国际高管教练专家的实践成果。
- 从优秀到卓越的高管教练技术精进法，让你超越 99% 的高管教练，成为教练中的教练。

《她职场：活出女性光芒》

- 女性成长平台——睿问诚意之作，帮助中国职场女性打破成长与认知盲区的答案之书。
- 她时代，每一位职场女性都可以勇敢而坚定地追随自己的职业理想，成为自己人生的主角。

《会讲故事的人都这么讲》

- 从零开始，讲一个属于自己和听众的"热播剧"。
- 用编剧思维来打造极具魅力的表达力。

《成为变革领导者》

- 帮助企业管理者提升重要能力，实现从变革管理者到变革领导者的成功转型，以拥抱技术快速迭代、充满不确定性和变数的未来。
- 只有当企业中的每个人都成为变革的推动者，不断提升企业领导者的变革领导力，并根据不同世代员工的特点，激发他们自身变革的意愿，从而自下而上、自发地推动变革，才能实现企业的成功转型。